西南民族大学经济学院实验教材

A Practical Course
of Import and Export Trade

# 进出口实务实训教程

陈　宏◎主编

中国经济出版社
CHINA ECONOMIC PUBLISHING HOUSE
北 京

**图书在版编目（CIP）数据**

进出口实务实训教程／陈宏主编.

北京：中国经济出版社，2017.10

ISBN 978-7-5136-4296-5

Ⅰ.①进… Ⅱ.①陈… Ⅲ.①进出口贸易—贸易实务—教材 Ⅳ.①F740.4

**中国版本图书馆 CIP 数据核字（2016）第 163510 号**

责任编辑　李煜萍

责任审读　贺　静

责任印制　马小宾

**出版发行**　中国经济出版社

**印 刷 者**　北京富泰印刷有限责任公司

**经 销 者**　各地新华书店

**开　　本**　710mm×1000mm

**印　　张**　14.5

**字　　数**　235 千字

**版　　次**　2017 年 10 月第 1 版

**印　　次**　2017 年 10 月第 1 次

**定　　价**　32.00 元

**广告经营许可证**　京西工商广字第 8179 号

**中国经济出版社** **网址** www.economyph.com **社址** 北京市西城区百万庄北街 3 号 **邮编** 100037

本版图书如存在印装质量问题，请与本社发行中心联系调换（联系电话：010-68330607）

# 应用经济学实践实训系列教材编委会

# 丛书总序

为了有效地培养高校经济学类专业学生“学以致用”的应用实践操作能力，让实践实训教学更好地适应创新创业的时代发展趋势，我们组织长期在实践实训教学一线中富有经验的教师们编写了这套实践实训教材，涵盖金融学、金融工程、投资学、保险学、经济学、财政学、国际经济与贸易等本科专业的相关专业基础课及专业课。

本套教材体现了仿真性、操作性、实用性及创新性等方面的特色，弥补了以往传统实训教学环节中缺乏配套教材的不足，有利于帮助教师在实践实训教学环节中将经济学理论与实践结合起来，充分合理地利用实践实训平台，为学生提供仿真实训的工作场景及环境，教师以实践实训教材为依托指导学生进行模拟操作，完成经济类课程的实践实训环节。教材既可供经济管理相关专业课程的实践实训教学使用，也可作为经济管理在职人员业务能力提升的学习参考书。

本套实践实训教材的编写得到西南民族大学教务处和研究生院的大力支持，教材的出版得到四川省高等教育人才培养质量和教学改革项目“民族高校应用经济类专业拔尖人才培养的研究与实践”和西南民族大学学科建设基金的资助，在数据资料收集整理上得到了相关企业和兄弟院校同仁们的指导及帮助，你们的支持及鼓励是我们不断进取的动力，在此一并感谢！

编委会

2016 年 12 月

# 前言

当今国际经济形势日新月异，进出口贸易实践也在不断地发生着变化。随着进出口贸易环境日趋复杂，贸易保护愈演愈烈，我国提出“稳增长、调结构、促平衡”的目标，“一带一路”发展新蓝图，在世界贸易中的地位不断攀升。我国外贸体制改革逐渐深入，进出口贸易经营权逐步放开，促使越来越多的企业参与进出口贸易，对外贸人才的需求也越来越大。

作为培养实用型人才的高等院校，为适应这一形势的需要，编写《进出口实务实训教程》，旨在结合外贸实习、实训平台，完善“进出口实务”课程的实训环节，为学生提供仿真的工作环境，模拟进出口操作的各个环节，让学生掌握进出口实务的基本操作技能，加深学生对有关国际货物买卖方面的国际惯例、法律、判例及国际公约的学习和研究，提高其分析、研究和解决问题的能力。

本实训教程按照进出口业务的操作流程，以教学软件为依托，以实践实训为手段，以角色扮演形式培养学生的实际动手能力，简明扼要地编排实训内容。以“L/C+CIF”合同履行为例，将全书分为七个模块，分别为实训业务准备（模块一）、出口商业务实训（模块二）、进口商业务实训（模块三）、工厂业务实训（模块四）、进口地银行业务实训（模块五）、出口地银行业务实训（模块六）、其他进出口交易方式下（L/C+CFR、L/C+FOB、D/P+CIF、D/P+CFR、D/P+FOB、D/A+CIF、D/A+CFR、D/A+FOB、T/T+CIF、T/T+CFR、T/T+FOB）的业务实训（模块七）。

本实训教材遵循“理论知识够用、实践能力培养为主”的原则，详细介绍了进出口实务各个环节的具体操作过程及单证的制作，力求在实际操作与时效性方面体现实用性、全面性、强化性、仿真性、新颖性等特点。

本教材是四川省 2013—2016 年高等教育人才培养质量和教学改革项目

“全面提升国际经济与贸易专业培养质量的创新导向型教学改革”的阶段性成果。

由于编者水平有限，书中仍有许多不足之处，敬请各位同行、专家及读者批评指正。

编者

2016年5月

# 目录

模块一

# 实训业务准备

## 项目一　实训目标

高等学校专业教育中，实训是一个重要的实践性教学环节。进出口实务实训既是“进出口实务”课程理论教学的延伸，又是提高学生运用能力、实践能力的重要教学环节。通过实训，让学生切身体会进出口实务中进口商、出口商、工厂、进口地银行、出口地银行等不同角色的具体工作及它们之间的贸易关系，使学生熟悉外贸实务的具体操作流程，增强感性认识，并可从中了解、巩固与深化已经学过的理论和方法，提高发现问题、分析问题以及解决问题的能力。

通过进出口实务实训，可使学生：

1. 通过进出口贸易的具体操作，掌握进出口的成本核算、询盘、发盘与还盘等各种基本技巧。

2. 学会外贸公司利用各种方式控制成本以达到利润最大化的思路。

3. 切身体会到国际贸易中不同当事人面临的具体工作及他们之间的互动关系。

4. 熟悉国际贸易的业务流、物流与资金流的运作方式。

5. 认识供求平衡、竞争等宏观经济现象，并且能够合理地加以利用。

另外，通过各种媒介发布新闻、调整汇率及各项费率、调整商品成本与价格等方式对国际贸易环境实施宏观调控，使学生在实习中充分发挥主观能动性，真正理解并吸收课堂中所学到的知识，为将来走上工作岗位打下良好基础。

## 项目二　实训内容

1. 利用各项资源，做好交易前的准备工作，宣传企业及产品。

2. 使用各种方式、途径进行业务磋商，掌握往来函电的书写技巧。

3. 熟悉询盘、发盘、还盘和接受环节的实践过程，掌握合同条款的具体规定与表达。正确使用贸易术语与结算方式签订外销合同，灵活使用贸易术语（CIF、CFR、FOB）与结算方式（L/C、T/T、D/P、D/A），正确核算成本、费用与利润，以争取较好的成交价格。

4. 掌握外贸买卖合同履行过程中货、证、运（船）、款等内容，掌握四种主要贸易术语（L/C、T/T、D/P、D/A）的进出口业务流程及运用技巧。

5. 正确填写各种单据（包括出口业务中的报检、报关、议付单据，进口业务中的信用证开证申请），熟悉与掌握信用证的申请、开证、审证要点。

6. 正确判断市场走向，做好库存管理，学会合理利用各种方式控制成本以达到利润最大化的思路。

7. 体会国际贸易的业务流、物流与资金流的运作方式，体会国际贸易中不同当事人的不同地位、面临的具体工作与互动关系。

8. 了解如何在国际贸易货物运输过程中减少风险，熟悉与掌握价格术语 CIF、CFR、FOB 的细节与运用技巧。

## 项目三　实训要求

1. 遵守相关法律法规，不得在网上发表违法言论。

2. 按实习内容，认真进行准备，积极开展调查活动，刻苦学习，并做好实习日记。

3. 在实习期间应尽可能地多做业务，熟练掌握进出口业务相关环节的主要业务及操作技巧。

4. 每个角色必须完成以下任务：

（1）出口商：至少完成 n（如 n=4）笔以上出口业务（L/C、D/P、D/A、T/T 各 1 笔）。

（2）进口商：至少完成 n 笔以上进口业务（L/C、D/P、D/A、T/T 各 1 笔）。

（3）工厂：至少完成 n-1 笔以上买卖合同。

（4）进口地银行：完成信用证申请书的审核及开证、审单。

（5）出口地银行：完成审证、审单。

5. 就下述具体业务操作的某些方面，完成实习报告。

（1）独立进行业务规划。

（2）掌握利用网络资源来寻找有利信息的基本技巧，利用网络发布广告、搜索信息。

（3）同业务伙伴建立合作关系。

（4）成本、费用、利润的核算。

（5）询盘、发盘、还盘、接受。

（6）外销合同的签订。

（7）信用证的申请和开证。

（8）信用证的审证和改证。

（9）国内买卖合同的签订。

（10）租船订舱。

（11）进出口货物保险及索赔。

（12）办理进出口报检事宜。

（13）办理进出口报关事宜。

（14）缮制报检、报关、议付单据。

（15）银行处理议付、结汇。

（16）办理出口核销退税。

（17）常用贸易术语（CIF、CFR、FOB）的具体实施。

（18）常用结算方式（L/C、D/P、D/A、T/T）的具体实施。

## 项目四　实训程序

### 一、交易前的准备

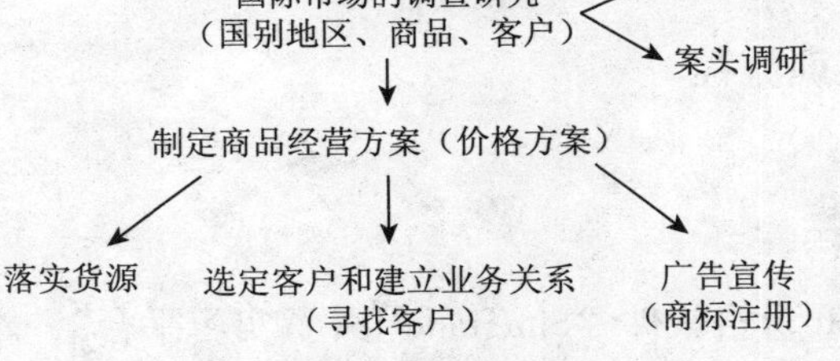


**图 1-1　交易准备**

## 二、出口交易磋商和合同的订立

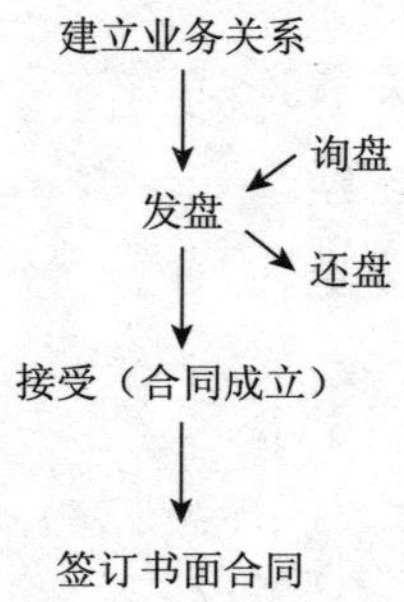


**图 1-2　交易磋商与合同订立**

## 三、出口合同的履行

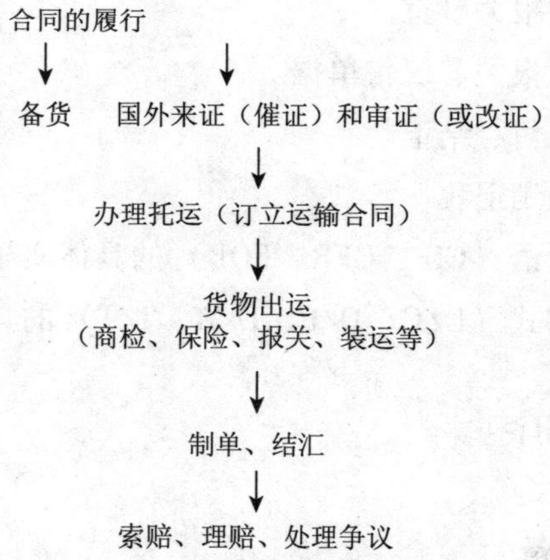


**图 1-3　合同履行**

# 项目五　实训流程

## 一、操作流程

借鉴 Desunsoft 世格软件“SimTrade™外贸实习平台”，本教材模块二到模块六以“L/C+CIF”介绍整个进出口实务实训流程（如图 1-4），且每一实训任务均以下列编码排序：

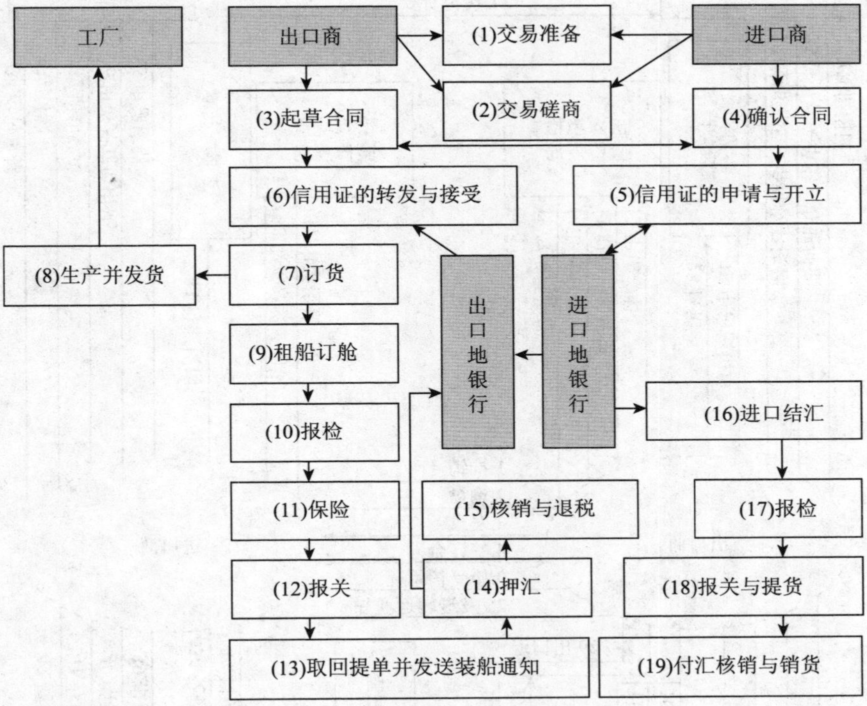


**图 1-4　“L/C+CIF”操作流程**

## 二、履约流程

（1）推销

进出口商要将产品打进国际市场，必须开拓市场，寻找合适的交易对象。进出口商可以通过计算机网络、寄送业务推广函电（Sale Letter）或在国外杂志、报刊上刊登产品广告来推销自己，同时也可通过参加商展、实地到国外考察等途径来寻找交易对象，获得贸易机会。

（2）询盘

询盘又称为询价。进口商收到出口商的业务推广函电或看到广告后，根据自己的需要，选择合适的出口商予以询盘（Inquiry），以期达成交易。

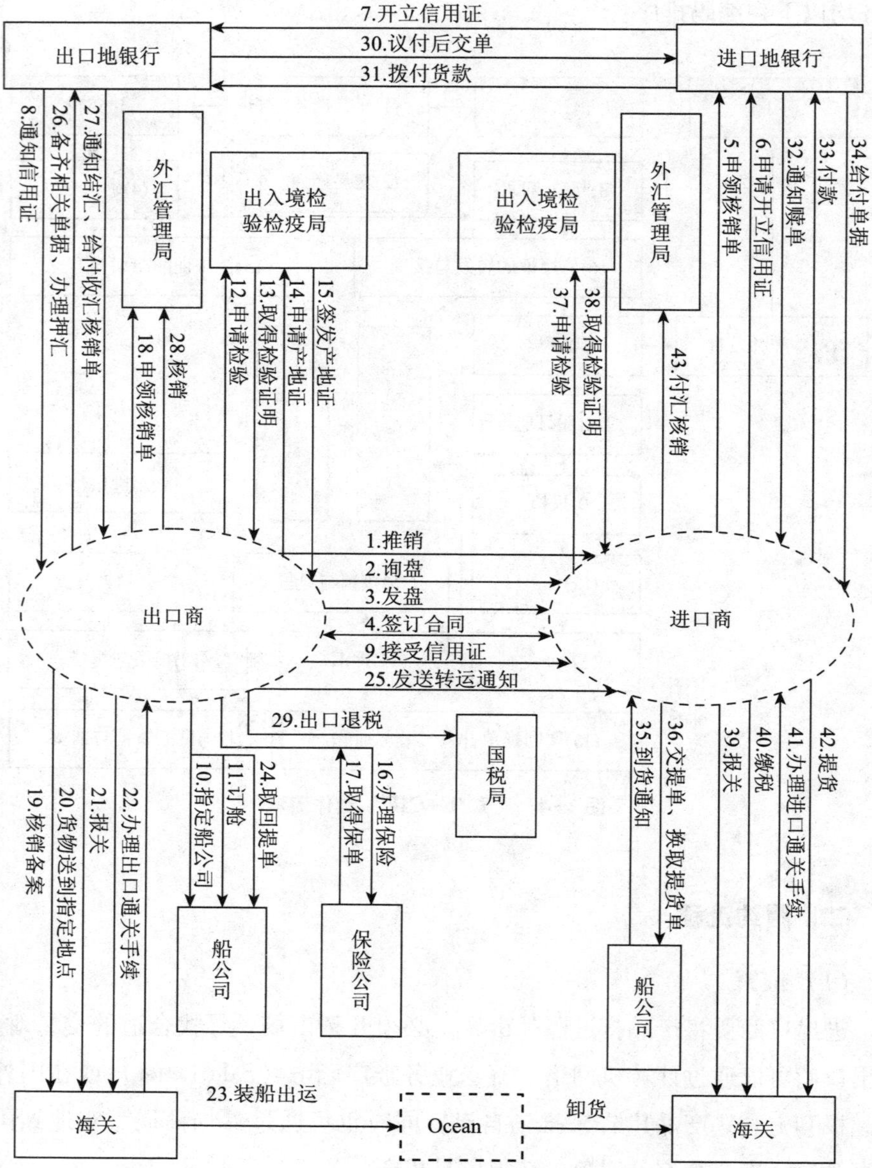


**图 1-5 “L/C+CIF”履约流程**

（3）发盘

发盘又称为报价。出口商按买主来函要求，先向供货的工厂询盘，然后计算出口报价回函给进口商。这期间可能需要函电多次往返接洽，最后得到关于价格条款的一致意见。

（4）签订合同

国外买主与出口商经过一番讨价还价后，就各项交易条件达成一致，正式签订外销合同（Sales Confirmation）。外销合同可以由出口商起草，也可以由进口商起草，注意起草与确认合同时双方都需填写预算表。

（5）申领核销单

为保证企业严格按照正常贸易活动的外汇需要来使用外汇，杜绝各种形式的套汇、逃汇、骗汇等违法犯罪行为，我国规定企业对外付汇要通过国家审核，实行进口付汇核销制度。采用信用证结算方式时，进口商须在开证前到外汇指定银行领取《贸易进口付汇核销单（代申报单）》，凭以办理进口付汇手续；其他结算方式下则在付款前领取此单。

（6）申请开立信用证

进口商填妥付汇核销单后，再开具《不可撤销信用证开证申请书》（Irrevocable Documentary Credit Application），向其有往来的外汇银行申请开立信用证。

（7）开立信用证

开证银行接受申请并根据申请书开立信用证（Letter of Credit；L/C），经返还进口商确认后，将信用证寄给出口地银行（此时为通知行），请其代为转送给出口商。

（8）通知信用证

出口地银行填妥《信用证通知书》（Notification of Documentary Credit），将信用证通知出口商。

（9）接受信用证

出口商收到通知银行送来的信用证后，经审核无误，接受信用证，即可开始备货、装船等事宜。如信用证有误，可要求进口商修改。

（10）指定船公司

在 CIF 或 CFR 术语下，出口商一边备货，一边还需要寻找合适的船公司，以提前做好装运准备；在 FOB 术语下，此步骤则应由进口商完成。

（11）订舱

确定好船公司后，出口商即应根据相应的船期，配合装运期限进行订舱，经过船公司接受后发给“配舱通知”，凭以填制其他单据，办理出口报关及装运手续。

（12）申请检验

出口商根据信用证的规定填写《出境货物报检单》（Application for Certificate of Export Inspection），并备齐商业发票、装箱单等相关文件向出入境检验检疫局申请出口检验。

在实训平台中，并非所有商品都要进出口报检。在“税率”查询网页中，输入商品海关编码进行查询。A 代表需要入境报检，B 代表需要出境报检，如果没有 A 和 B 则不用报检（报检也可以）。

（13）取得检验证明

检验机构经对商品检验合格后，签发《出境货物通关单》；并根据出口商的要求，签发相应的商检证书，如品质证书、健康证书等。

（14）申请产地证

出口商填妥相应的产地证明书向相关单位申请签发，其中《原产地证明书》（Certificate of Origin）与《普惠制产地证明书》（Generalized System of Preferences Certificate of Origin“Form A”）应向出入境检验检疫局申请，而《输欧盟纺织品产地证》则应向商务部授权的纺织品出口证书发证机构（图上未标出）申请。

（15）签发产地证

相关机构经过审核，根据出口商的申请，签发相应的产地证书。

（16）办理保险

在 CIF 术语下，保险由出口商办理，出口商须根据信用证的规定填写《货物运输保险投保单》（Cargo Transportation Insurance Application），并附商业发票向保险公司投保。需注意的是，交易条件如是 CIF，保险才由出口商办理；若是 FOB 或 CFR，则应由进口商办理保险。

（17）取得保单

保险公司承保后，签发《货物运输保险单》（Cargo Transportation Insurance Policy）给出口商。

（18）申领核销单

我国法律规定，境内出口单位向境外出口货物，均应当办理出口收汇核销手续。出口商在报关前，须到外汇管理局申领《出口收汇核销单》。

（19）核销备案

填妥核销单后，出口商即可凭以向海关申请核销备案。

（20）货物送到指定地点

出口商办完以上各项手续后，将货物送抵指定的码头或地点，以便报关出口。

（21）报关

送出货物后，出口商填妥《出口货物报关单》，并备齐相关文件（出口收汇核销单、商业发票、装箱单、出境货物通关单等），向海关投单报关。

（22）办理出口通关手续

海关审核单据无误后即办理出口通关手续，签发加盖验讫章的核销单与报关单（出口退税联）给出口商，以便其办理核销与退税。

（23）装船出运

通关手续完成后，货物即装上船，开航。

货物在运输过程中有可能遇到意外造成损失，不能换提单提货，这时，如果已经投保，进口商就应凭保险单到保险公司办理索赔；索赔完成后，不需要再进口报检和报关，也无须填写"进口付汇到货核销表"，只要于付款后到外管局凭"进口付汇核销单"办理进口付汇核销，即可完成合同。

（24）取回提单（B/L）

船公司须等到货物已装上船（B/L 上有记载 On Board Date），并启航后才签发提单，因此货物出运后，出口商就可到船公司领取《海运提单》（Bill of Lading；B/L）。

（25）发送装运通知

出口商将货物运出后，应向买主寄发《装运通知》（Shipping Advice）。尤其是在 FOB、CFR 术语下，保险由买方自行负责时，出口商须尽快发送装运通知以便买方凭此办理保险事宜。

（26）备齐相关单据办理押汇

货物装运出口后，出口商按 L/C 上规定，备妥相关文件（商业发票、装箱单、海运提单、货物运输保险单、商检证书、产地证、信用证等），并签发以进口商为付款人的汇票（Bill of Exchange），向出口地银行要求押汇（Negotiation）。以出口单据作为质押，向银行取得融资。

（27）通知结汇，给付收汇核销单

押汇单据经押汇银行验审与信用证的规定相符，即拨付押汇款，通知出口商可以结汇，同时收取一定押汇费用。此外，银行还将出具加盖“出口收汇核销专用联章”的《出口收汇核销专用联》给出口商。

（28）核销

出口商凭出口收汇核销专用联及其他相关文件（出口收汇核销单送审登记表、报关单、出口收汇核销单、商业发票等）向外管局办理核销，办理完成后，外管局发还出口收汇核销单（第三联）。

（29）出口退税

核销完成后，出口商再凭出口收汇核销单（第三联）、报关单（出口退税联）与商业发票前往国税局办理出口退税。

（30）议付后交单

押汇银行议付后，将押汇单据发送到国外开证银行，要求偿付押汇款。

（31）拨付货款

开证银行审单与信用证条款核对无误后，拨付押汇款（即承兑）给出口地银行。

（32）通知赎单

开证银行向进口商要求缴清货款。由于当初进口商在向开证行申请开立信用证时，大部分的信用证金额尚未付清，而出口商已经在出口地押汇（抵押融资），所以开证银行通知进口商缴清余款，将押汇单据赎回。

（33）付款

进口商向开证行缴清货款，同时需将之前领取的贸易进口付汇核销单交给银行审核。

（34）给付单据

进口商付款后，自开证银行取回所有单据（即出口商凭以押汇的文件）。

（35）到货通知

货物运抵进口国的目的港后，船公司通知进口商来换取提货单。

（36）交提单，换取提货单

进口商向船公司缴交提单（B/L）换取提货单（Delivery Order；D/O）。尤其当进口商是在 FOB 术语下买入货物时，进口商唯有向船公司缴清运费及杂费，并将 B/L 向船公司换取 D/O，才能向海关提出要求报关，表明进口商已获得船公司同意可以提领货物。

（37）申请检验

进口商填写《入境货物报检单》（Application for Certificate of Import Inspection），并备齐提货单、商业发票、装箱单等文件向出入境检验检疫局申请进口检验。

（38）取得检验证明

检验机构经对商品检验合格后，签发《入境货物通关单》给进口商。

（39）报关

进口商备齐进口货物报关单、提货单、商业发票、装箱单、入境货物通关单、合同等文件，向海关投单报关。

（40）缴税

进口商向海关缴清各项税款，应纳税捐包括进口关税、增值税与消费税等。

（41）办理进口通关手续

海关审单通过，办理进口通关手续。

（42）提货

海关放行后，进口商即可至码头或货物存放地提领货物。

（43）付汇核销

进口商凭进口付汇到货核销表、进口货物报关单及进口付汇核销单到外汇管理局办理付汇核销。

## 三、履约步骤

| 序号 | 出口商 | 进口商 | 工厂 | 进口地银行 | 出口地银行 |
|---|---|---|---|---|---|
| 1 | 起草外销合同 | | | | |
| 2 | 添加并填写<br>出口预算表 | | | | |
| 3 | 合同送进口商 | | | | |
| 4 | | 添加并填写<br>进口预算表 | | | |

续表

| 序号 | 出口商 | 进口商 | 工厂 | 进口地银行 | 出口地银行 |
|---|---|---|---|---|---|
| 5 | | 签字并确认外销合同 | | | |
| 6 | | 到银行领取并填写“进口付汇核销单” | | | |
| 7 | | 添加并填写开证申请书 | | | |
| 8 | | 发送开证申请 | | | |
| 9 | | | | 根据申请书填写信用证 | |
| 10 | | | | 送进口商确认 | |
| 11 | | 对照合同查看信用证 | | | |
| 12 | | 同意信用证 | | | |
| 13 | | | | 通知出口地银行 | |
| 14 | | | | | 审核信用证 |
| 15 | | | | | 填写信用证通知书 |
| 16 | | | | | 通知出口商 |
| 17 | 对照合同审核信用证 | | | | |
| 18 | 接受信用证 | | | | |
| 19 | 起草国内购销合同 | | | | |
| 20 | 合同送工厂 | | | | |
| 21 | | | 签字并确认购销合同 | | |
| 22 | | | 组织生产 | | |
| 23 | | | 放货给出口商 | | |
| 24 | | | 到国税局缴税 | | |
| 25 | 添加并填写“货物出运委托书” | | | | |
| 26 | 指定船公司 | | | | |

续表

| 序号 | 出口商 | 进口商 | 工厂 | 进口地银行 | 出口地银行 |
|---|---|---|---|---|---|
| 27 | 洽订舱位 | | | | |
| 28 | 添加并填写“报检单、商业发票、装箱单” | | | | |
| 29 | 出口报检 | | | | |
| 30 | 添加并填写产地证明书 | | | | |
| 31 | 到相关机构申请产地证 | | | | |
| 32 | 添加并填写“投保单” | | | | |
| 33 | 到保险公司投保 | | | | |
| 34 | 到外管局申领并填写“核销单” | | | | |
| 35 | 到海关办理核销单的口岸备案 | | | | |
| 36 | 添加并填写“报关单” | | | | |
| 37 | 送货到海关 | | | | |
| 38 | 出口报关，货物自动出运 | | | | |
| 39 | 到船公司取提单 | | | | |
| 40 | 添加并填写装船通知 | | | | |
| 41 | 发送装船通知 | | | | |
| 42 | 添加并填写“汇票” | | | | |
| 43 | 向出口地银行交单押汇 | | | | |
| 44 | | | | | 审单 |
| 45 | | | | | 发送进口地银行 |
| 46 | 到银行办理结汇 | | | 审单 | |

续表

| 序号 | 出口商 | 进口商 | 工厂 | 进口地银行 | 出口地银行 |
|---|---|---|---|---|---|
| 47 | 添加并填写“出口收汇核销单送审登记表” | | | 通知进口商取单 | |
| 48 | 到外管局办理核销 | 到银行付款 | | | |
| 49 | 到国税局办理出口退税 | 取回单据 | | | |
| 50 | | 到船公司换提货单 | | | |
| 51 | | 添加并填写“报检单” | | | |
| 52 | | 进口报检 | | | |
| 53 | | 添加并填写“报关单” | | | |
| 54 | | 进口报关 | | | |
| 55 | | 缴税 | | | |
| 56 | | 提货 | | | |
| 57 | | 添加并填写“进口付汇到货核销表” | | | |
| 58 | | 到外管局办理进口付汇核销 | | | |
| 59 | | 到消费市场销货 | | | |

## 项目六　实训术语

### 一、贸易术语

1. EXW：Ex Works，工厂交货
2. FCA：Free Carrier，货交承运人
3. CPT：Carriage Paid to，运费付至
4. CIP：Insurance Paid to，运费、保险费付至
5. DAT：Delivered at Terminal，运输终点交货
6. DAP：Delivered at Place，目的地交货
7. DDP：Delivered Duty Paid，交税后交货

8. FAS：Free Alongside Ship，船边交货

9. FOB：Free on Board，船上交货

10. CFR：Cost and Freight，成本加运费

11. CIF：Cost，Insurance and Freight，成本、保险费加运费

## 二、结算方式

1. T/T：Telegraphic Transfer，电汇

2. M/T：Mail Transfer，信汇

3. D/D：Demand Draft，票汇

4. L/C：Letter of Credit，信用证

   * Documentary Credit，跟单信用证

5. D/P：Documents against Payment，付款交单

6. D/A：Delivery Against Acceptance，承兑交单

# 出口商业务实训

## 实训一　交易准备

### 一、出口市场调研

（1）国别（地区）调研，主要包括经济状况、政治状况、对外政策、外汇管制、经济交往情况及特点、商品结构、市场惯例、人们生活习惯等调研。

（2）商品市场调研，主要包括供需国别及发展状况，商品供需情况，商品的品质、数量、包装、成本、价格等调研。

（3）交易对象调研，主要包括现实客户和潜在客户的经营能力、经营范围和资信情况的调研。

（4）竞争者的调研，包括竞争者的经营战略、竞争策略、促销手段、销售渠道、产品特征等调研。

（5）销售渠道调研，合理选择中间商。

### 二、选择目标市场

出口企业在调研基础上划分好细分市场之后，可以进入既定市场中的一个或多个细分市场（即选定目标市场），并对市场进行定位。选择目标市场有以下三个标准：一是有一定的规模和发展潜力，二是细分市场结构具有较强吸引力，三是符合企业目标和能力。

### 三、选择目标产品

进入国际目标市场的关键因素是选择目标产品。通过对营销环境因素、风险大小、预期收益、潜在顾客的购买习惯与购买方式、产品特色、产品的国际竞争力及其竞争优劣势、产品国际寿命周期等因素的分析，确定具有市场强接纳性、利润潜力大，可利用现有设备、技术生产，具有国际竞争力

（价格低，质量好，技术新）的理想目标产品。

## 四、选择交易对象

在出口业务中，即使进口方使用开立信用证的支付方式，也有很多信用风险，如迟迟不开证、开立与合同不符的信用证、开立软条款信用证，给卖方带来一定的损失，这就需要对交易对象进行选择。要选出合适的交易对象，出口商需对贸易对象的组织情况、贸易道德、贸易经验、资信情况、经营范围、经营能力、往来银行名称等进行翔实的调查。

## 五、制订出口商品的交易方案

出口企业在调研、选择产品和交易对象、选定目标市场后，考虑目标市场的需求及各种影响因素，结合自身人力、物力，制订最佳出口经营方案。

## 六、做好出口商品的广告宣传

除一些知名产品、驰名品牌外，大多数商品都需要利用各种促销手段来开拓国际市场。出口企业可利用各种媒体广告、参加展销会、选择合适中间商等方式或手段来进行促销。

## 七、做好出口商品的商标注册

出口企业可采用定牌（在商品和/或其包装上使用买方指定的商标或牌号）或无牌（在商品及其包装上不使用商标或牌号），特别是定牌生产的商品，要做好商品的商标注册和知识产权的保护，切忌出现侵权行为。

## 八、建立业务关系

在选定资信好、经营能力强的客户以后，通过主动发函、发 e-mail、发电等方式进行初步联系，与其建立良好的业务关系。

【任务(1)】

1. 详细创建公司资料；

2. 发布公司广告；

3. 选择交易的产品；

4. 选择交易厂商；

5. 发布供求信息。

备注：其他角色（进口商、工厂、出口地银行、进口地银行）在进行进出口贸易或业务前均需登录详细创建公司或银行资料，进口商、工厂还需发布公司、产品广告或供求信息。

## 实训二　交易磋商

交易磋商是指进出口双方就交易条件进行协商，协调双方的经济利益，求得一致，达成交易。在进出口实务中，交易磋商有明确的内容和规范的程序。程序的合法性，保证了所达成的合同法律上的有效性。

交易磋商的过程，是双方通过要约和承诺，确立契约关系的过程。双方在交易磋商的过程中，即在达成交易之前，就对自己的行为承担一定的法律责任。交易磋商是合同履行的具体依据，是进出口实务的一个重要环节，其程序分为询盘、发盘、还盘、接受四个环节，而发盘、接受是必不可少的两个基本环节。交易磋商的过程不仅是国际货物买卖合同成立的过程，而且关系到国家政治和经济利益。交易磋商的一般程序：

询盘——发盘——还盘（再还盘）——接受

### 一、询盘

询盘（Inquiry）又称询价，是交易的一方向对方探询交易条件，表示交易愿望的一种行为。询盘多由买方作出，也可由卖方作出，内容可只询问价格，也可以是询问其他一项或几项交易条件，以致要求对方向自己作出发盘。询盘为虚盘，对交易双方无约束力。

### （一）询盘的技巧

询盘的发送要选择适当的区域分散发出，避免给受盘人造成错觉；选择使用率或点击率高的方式、媒介进行询盘；询盘的内容视情况可繁可简，但须合理。

### （二）受盘的技巧

为提高回复工作效率，要认真识别询盘的意图，有选择地区别对待，详细具体的询盘要及时回复。针对不同询盘，内容要详略得当，语言要准确、简洁、有礼貌，报价要恰当，对待客户一视同仁。

## 二、发盘

发盘（Offer）也叫发价，指一方当事人向另一方提出买卖某项商品的各项交易条件，并愿意按这些交易条件同对方达成交易，订立合同的表示。发盘多由卖方提出，也可由买方提出。进出口实务中，通常由买方询盘后，卖方发盘，但也可以不经过询盘，一方径直发盘。发盘在法律上称为要约，在发盘的有效期内，一旦受盘人无条件接受，合同即告成立。发盘一生效，在有效期内对发盘人具有法律约束力；在发盘有效期内，发盘人不得任意修改或撤销发盘；只要受盘人在有效期内无条件表示接受，合同即成立。

### （一）发盘必须具备的条件

（1）要有一个或一个以上特定的受盘人；

（2）发盘内容要具体、无保留；

（3）发盘人要受其约束（实盘）。

### （二）发盘的撤回

发盘的撤回是在发盘未送达受盘人之前（未生效前），要收回。《联合国国际货物销售合同公约》（简称《公约》）（附录一）第 15 条：发盘可以撤回，只要撤回的通知先于发盘或与发盘同时到达。

### （三）发盘的撤销

发盘的撤销是指发盘已经送达受盘人（已生效），要取消。《公约》第16条规定，在未订立合同之前，发盘得予撤销，如果撤销通知于受盘人发出接受通知之前送达受盘人。但在下列情况下，发盘不得撤销：①发盘规定了有效期或以其他方式表明它是不可撤销的；②受盘人有理由信赖该发盘是不可撤销的，而且受盘人已本着对该项发盘的信赖行事。

### （四）发盘的终止（发盘的失效）

（1）拒绝要约的通知到达要约人（对发盘的拒绝）；

（2）要约人依法撤销要约；

（3）承诺期限届满，受要约人未作出承诺（过了有效期）；

（4）受要约人对要约的内容作出实质性变更（还盘）。

（我国《合同法》第20条）

## 三、还盘

还盘（Counter Offer），受盘人对发盘的条件不同意或不完全同意，从而提出的不同意见（修改，Modification；限制，Limitation；或添加，Addition）。还盘实际上是受盘人以发盘人的地位发出的一个新盘，原发盘人成为新盘的受盘人。还盘又是受盘人对发盘的拒绝，发盘因对方还盘而失效，原发盘人不再受其约束。还盘可以在双方之间反复进行，还盘的内容通常仅陈述需变更或增添的条件，对双方同意的交易条件无须重复。还盘并非交易磋商的必须环节。

还盘需要做到以下几点：①礼节性感谢对方发盘，婉转发表对原发盘的不同意见；②简要说明还盘的缘由；③准确提出我方还盘的条件；④希望对方能早日对自己的还盘表示接受。

## 四、接受

接受（Acceptance），交易的一方（受盘人）无条件同意对方（发盘人）在发盘中提出的交易条件，并愿意按这些条件与对方达成交易、成立合同的表示。接受可由卖方作出，也可由买方作出。《公约》第18条1款，受盘人声明或以其他行为表示同意一项发盘，即为接受。接受一生效，合同即告成立，双方都受合同约束；发盘和接受是交易磋商、合同订立必不可少的交易环节。

**（一）构成有效接受的条件**

（1）由特定的受盘人作出；

（2）以声明或行为表示出来；

（3）在发盘的有效期内送达到发盘人；

（4）与发盘内容相符（接受必须是无条件）。

**（二）接受生效的时间**

接受生效的时间是合同成立的时间，接受生效的地点是合同成立的地点。

（1）英美法为投邮生效，即接受通知一发出（信件投邮或电报交发），接受即告生效。

（2）大陆法为到达生效，即接受通知必须送达到发盘人，接受才生效。

（3）《公约》为到达生效，接受通知（送达发盘人时生效，第 18 条 2 款），以某种行为表示（在受盘人作出这项行为时，接受即生效，第 18 条 3 款）。

**（三）逾期接受**

逾期接受是指过了有效期到达的（或未在合理时间内到达的）接受。逾期接受无效，构成新发盘（公约第 18 条 2 款，合同法第 28 条）。

《公约》及我国法律对逾期接受的处理：

（1）“一般的逾期接受”无效，但发盘人同意接受，并立即通知对方，仍有效（公约第 18 条 1 款，第 21 条 1 款；合同法第 28 条）。

（2）“传递不正常引起的逾期接受”有效，但发盘人不同意，并立即通知对方，仍无效（公约第 21 条 2 款；合同法第 29 条）。

**（四）接受的撤回**

（1）英美法——不可以，除非发盘规定接受到达生效。

（2）大陆法——可以撤回。

（3）《公约》及我国《合同法》——可以撤回，只要撤回的通知先于接受通知或于接受通知同时到达发盘人；撤回的时间——作出接受，但未送达发盘人；撤回的条件——应发出撤回通知；该通知必须先于接受通知或与接受通知同时到达发盘人。

【任务(2)】

1. 找到进口商联系方式，与之联系；

2. 与工厂询盘（计算成本）；

3. 查询各种费用（包括运费、保险费、银行贷款利率、报关费、检验费、税费等等）；

4. 出口商给进口商发盘报价。

## 实训三　起草合同

根据国际惯例，进出口双方进行交易磋商后，双方将订立国际货物买卖合同（即外销合同），来明确双方的义务和权力，使双方行为受法律的约束与保护。

### 一、国际货物买卖合同的形式

《公约》第11条，销售合同无须以书面订立或书面证明，在形式方面也不受任何其他条件限制，销售合同可以用包括人证在内的任何方法证明。《公约》第13条，所谓书面，包括电报和电传。鉴于此，合同形式可以是口头和书面。

我国《合同法》的有关规定，合同形式可以是书面、口头形式和其他形式（第10条）。书面形式为合同书，信件和数据电文（包括电报、电传、传真、电子数据交换和电子邮件）等可以有形地表现所载内容的形式（第11条）。法律、行政法规规定采用书面形式，应当采用书面形式，当事人约定采用书面形式的，应当采用书面形式（第10条）。当事人采用信件、数据电文等形式订立合同的，可以在合同成立之前要求签订确认书，签订确认书时合同成立（第33条）。

## 二、合同生效的条件

《合同法》第 32 条，当事人采用合同书形式，自双方当事人签字或者盖章时合同成立。第 33 条，当事人采用信件、数据电文等形式订立合同的，可以在合同成立之前要求签订确认书。签订确认书时合同成立。

## 三、书面合同的形式

（1）合同（contract）：销售合同 S/C（sales contract）和购货合同（purchase contract）。

（2）确认书（confirmation）：销售确认书（sales confirmation）和购货确认书（purchase confirmation）。

## 四、书面合同的内容

### （一）约首

合同名称（销售合同/销售确认书）、合同编号、合同签订日期、订约双方名称和地址（我方、对方）、订约地点、序言（表明双方订立合同的意愿和执行合同的保证）。

### （二）本文

品质条款（品名、规格、货号等）、数量条款（交货数字和计量单位）、包装条款（包装材料、包装方式等）、价格条款（单价和总值）、交货条款（交货时间、装运港/地和目的港/地、分批装运或转运等）、保险条款（按 FOB/FAC 或 CFR/CPT 成交——由买方办理保险；按 CIF/CIP——保险金额、保险险别、何种保险条款、该保险条款的生效日期等）、支付条款（汇付——付款时间、汇付方式、付款金额等；托收——D/P（即期或远期）、D/A 等；信用证——信用证种类、即期或远期；开证时间、付款/承兑/议付、到期日等）、商检、索赔、不可抗力、仲裁条款、法律适用条款。

### （三）约尾

合同文字及其效力；合同附件及其效力；订约双方签字等。

## 五、签订书面合同应注意的问题

（1）符合法律规定。

（2）体现政策。

（3）做到“两个一致”：①合同条款与磋商取得的协议一致；②合同条款前后一致。

（4）明确、严密。

【任务(3)】

1. 出口商根据双方的约定填写“外销合同”（如表2-1）（进出口双方均可起草合同）；

2. 填写出口预算表（如表2-2）；

3. “合同送进口商”确认。

**表2-1　外销合同**

<table>
<tr><td colspan="7">TENGFEI TRADING CORP.</td></tr>
<tr><td colspan="7">Room1010，Tianfu Mansion，Renmin South road，Chengdu610041，P. R. China</td></tr>
<tr><td colspan="7">SALES CONFIRMATION</td></tr>
<tr><td rowspan="3">Messrs：</td><td colspan="4" rowspan="3">Carters Trading Company<br>P. O. Box8888，New Terminal，Lata. Vista，Ottawa，Canada</td><td>No.</td><td>Contract001</td></tr>
<tr><td>Date：</td><td>2015-04-06</td></tr>
<tr><td></td><td></td></tr>
<tr><td colspan="7">Dear Sirs，<br>We are pleased to confirm our sale of the following goods on the terms and conditions set forth below：</td></tr>
<tr><td>Choice</td><td>Product No.</td><td>Description</td><td>Quantity</td><td>Unit</td><td>Unit Price</td><td>Amount</td></tr>
<tr><td colspan="7">[ CIF ] [ Toronto ]</td></tr>
<tr><td>⊙</td><td>02009</td><td>WOMEN’S T-SHIRT<br>20PCS PER CARTON<br>COLOR：BLACK<br>FABRIC CONTENT：<br>100% COTTON</td><td>15000</td><td>PC</td><td>USD30</td><td>USD450000</td></tr>
<tr><td></td><td></td><td></td><td></td><td></td><td></td><td></td></tr>
<tr><td colspan="3">Total：</td><td>15000</td><td>PC</td><td></td><td>[USD] [450000]</td></tr>
</table>

续表

| | |
|---|---|
| Say Total: | U. S. DOLLARS FOUR HUNDRED AND FIFTY THOUAND ONLY |
| Payment: | [ L/C ▽] [By 100% irrevocable sight letter of credit in our favor.] |
| Packing: | 20PCS PER CARTON<br>Each of the carton should be indicated with Item No. , Name of the Table, G. W. , and C/No. |
| Port of Shipment: | Chongqing |
| Port of Destination: | Toronto |
| Shipment: | All of the goods will be shipped on or before May 20, 2015 subject to L/C reaching the SELLER by the end of June, 2015. Partial shipments and transshipment are not allowed. |
| Shipping Mark: | WOMEN' S T-SHIRT<br>CANADA<br>C/NO. 1-666<br>MADE IN CHINA |
| Quality: | As per sample submitted by seller. |
| Insurance: | The SELLER shall arrange marine insurance ICC (A) plus institute War Risks for 110% of CIF value and provide of claim, if any, payable in Canada, with U. S. currency. |
| Remarks: | The Buyers are requested to sign and return one copy of this Sales Confirmation immediately after receipt of the same. |

| BUYERS | SELLERS |
|---|---|
| | TENGFEI TRADING CORP. |
| | Tengfei Chen |
| (Manager Signature) | (Manager Signature) |

填写说明：

(1)"Sales Confirmation"(销货合同)。国际货物买卖合同一般金额大、内容繁杂、有效期长，因此许多国家的法律要求采用书面形式。书面合同主要有两种形式，即正式合同（Contract）和合同确认书（Confirmation），虽然其繁简不同，但具有同等法律效力，对买卖双方均有约束力。大宗商品或成交额较大的交易，多采用正式合同；而金额不大，批数较多的小土特产品或轻工产品，或者已订立代理、包销等长期协议的交易多采用合同确认书（亦称简式合同）。

一般来说出口合同的格式都是由我方（出口公司）事先印制好的，因此有时在 Sales Confirmation 之前加上出口公司名称或是公司的标志等（我外贸公司进口时也习惯由我方印制进口合同）。交易成立后，寄交买方签署

(Countersign)，作为交易成立的书面凭据。买卖双方都可以起草合同，填写时只需将名称、地址等内容作相应变化既可。如合同由买方起草时，上方空白栏则填入进口商公司名称及地址，以此类推。

（2）进出口商的公司名称需填写全称，公司地址需填写详细地址。

（3）起草日期为：YYYY-MM-DD。

（4）“Description”（品名条款）。此栏应详细填明各项商品的英文名称及规格，这是买卖双方进行交易的物质基础和前提。对商品的具体描述说明是合同的主要条款之一，如果卖方交付的货物不符合合同规定的品名或说明，买方有权拒收货物、撤销合同并提出损害赔偿。

（5）“Quantity”（数量条款）。本栏用于填写交易的货物数量，这是买卖双方交接货物及处理数量争议时的依据。不明确卖方应交付多少货物，不仅无法确定买方应该支付多少金额的货款，而且不同的量有时也会影响到价格以及其他的交易条件。为便于装运并节省运费，通常以一个20′或40′集装箱的可装数量作为最低交易数量。

（6）“Unit Price”（价格条款）。这是买卖合同中必不可缺的重要组成部分，不仅直接关系到买卖双方的利益，而且与合同中的其他条款也有密切联系。在国际贸易中，通常由出口商根据成本通过往来函电报价给进口商，双方经过协商后确定此交易价格。

（7）合同金额“Say Total”字母须全部大写且在末尾写上“ONLY”。

（8）“Insurance”（保险条款）。在FOB、CFR条件下，由买方投保，此栏可写“Insurance effected by buyer”。在CIF条件下，由卖方投保，应具体载明投保的险别、保险金额、保单类别、适用条款、索赔地点及币种等事项。国际货运保险保险金额为CIF价的110%购买。

（9）缩写含义：

No. = Number，号码；

G. W. = Gross Weight，毛重；

N. W. = Net Weight，净重；

C/NO. = Carton Number，箱号。

表 2-2　出口预算表

## 出口预算表

合同号：Contract001
预算表编号：STEBG00001　　（注：本预算表填入的位数全部为本位币）

| 项目 | 预算金额 | 实际发生金额 |
| --- | --- | --- |
| 合同金额 | 3071745 | 0.00 |
| 采购成本 | 1200000 | 0.00 |
| FOB 总价 | 2976466.30 | 0.00 |
| 内陆运费 | 6438.60 | 0.00 |
| 报检费 | 200 | 0.00 |
| 报关费 | 200 | 0.00 |
| 海运费 | 65544.21 | 0.00 |
| 保险费 | 29734.49 | 0.00 |
| 核销费 | 10 | 0.00 |
| 银行费用 | 4193.27 | 0.00 |
| 其他费用 | 153787.25 | 0.00 |
| 退税收入 | 164102.56 | 0.00 |

填写说明：

（1）合同金额＝外销合同金额×外汇汇率＝450000×6.8261＝RMB3071745。其中，外汇汇率可在“淘金网”中“银行”查到。

（2）采购成本＝数量×单价＝15000×80＝ RMB1200000，即内销合同金额。

（3）内陆运费＝货物总体积×单价＝107.31×60＝ RMB 6438.60。

其中，货物总体积＝15000÷20×0.14308＝107.31（$m^3$），单价可在“淘金网”中“其他费用”查到，为 60 RMB / $m^3$。

（4）报检费、报关费、核销费均以“次”论，可在“淘金网”中“其他费用”查到，分别为 RMB：200，200 和 10。

（5）海运费分为 FCL（Full Container Load，整箱）和 LCL（Less than Container Load，拼箱）运费：

FCL 运费=（基本运费+港口附加费+燃油附加费）×整箱数×外汇汇率

LCL 运费=计费吨［max（体积吨，重量吨）］×基本运费×外汇汇率

FCL 运费=（4410+176+215）×2×6.8261= RMB65544.21

其中，“2”为 2 个 40′集装箱（107.31÷55=1.951，取整为 2），40′集装箱运费可在“淘金网”中“运费查询”查到。

（备注：在国际货物运输中，经常使用的是 20′集装箱和 40′集装箱，20′集装箱的有效容积为 25CBM，限重 17.5TNE，40′集装箱的有效容积为 55CBM，限重 26TNE，其中 1TNE=1000KGS。另外，在包装单位与销售单位不一致或计算整箱时，凡有小数位数必须进位，而不是四舍五入。）

（6）保险费=保险金额×保费费率=CIF×110%×保费费率

=3071745×110%×（0.8%+0.08%）= RMB29734.49

其中，CIF 价=合同金额，保费费率= ICC（A）费率+战争附加险费率，二者均可在“淘金网”中“保险费”查到，分别为 0.8%和 0.08%。

（7）FOB 总价=CIF-保险费-海运费=3071745-29734.49-65544.21

=RMB2976466.30。

（8）“银行费用”因不同结算方式而有所不同，通常为总金额×银行费率。L/C 收取信用证通知费、信用证修改通知费、信用证议付费；D/P、D/A 为一次性费率；T/T 不收取出口商任何费用。

在“淘金网”的“其他费用”页中查得 L/C 通知费 RMB200/次、修改通知费 RMB100/次、议付费率 0.13%（最低 200 元）、D/A 费率 0.1%（最低 100 元，最高 2000 元）、D/P 费率 0.1%（最低 100 元，最高 2000 元）。

银行费用=3071745×0.13%+200= RMB4193.27。

（9）“其他费用”主要包括：公司综合费用、检验证书费、邮费及产地证明书费，其中检验证书费为出口商在填写出境报检单时，所申请的检验证书，如健康证书、植物检疫证书等，以“张”收取证书费；邮费则是在 T/T 方式下出口商向进口商邮寄单据时按“次”收取。

假设在该笔 L/C 下的其他费用为：公司综合费用和一张产地证，则：

其他费用=3071745×5%+200= RMB153787.25

（说明：若该笔合同中申请了检验证、产地证，寄送票据等，则应在“其他费用”中加上相应费用。）

（10）退税收入=采购成本÷（1+增值税率）×出口退税率

或退税收入=应退增值税+应退消费税=采购成本÷（1+增值税率×出口退税率+采购成本×消费税税率

在“淘金网”的“税率查询”页中查得海关编码6109100022（女式T恤衫）的增值税率为17%，出口退税率16%，则：

退税收入=1200000/（1+17%）×16%= RMB164102.56。

（说明：FOB（本币）=FOB（外币）×外汇人民币牌价）

（11）利润=合同金额+退税收入-采购成本-内陆运费-报检费-报关费-海运费-保险费-核销费-银行费用-其他费用=3071745+164102.56-1200000-6438.60 - 200 - 200 - 65544.21 - 29734.49 - 10 - 4193.27 - 153787.25 =RMB1775749.74。

## 实训四 信用证的接受

### 一、受益人信用证管理

#### （一）信用证登记

企业在收到银行送来的信用证后，必须做好统一编号、登记并注明出口合同号码记录，以利管理查考。对信用证的修改也要登记。

#### （二）信用证的处理

企业的信用证的处理包含的内容较广，比如：

①收到属于不能接受的信用证条款或修改书，及时退给银行或通知客户进一步修改。

②开证行直接寄来信用证，应与本地银行联系，审核开证行资信和信用证真伪。

### （三）信用证流转

信用证流转是指信用证在企业内部各个相关部门间的流转。企业应该有一套流转程序，签收交接制度。原件流转，或以复印件或信用证内容分析单流转。

### （四）信用证保管

信用证正本连同有关修改书等必须连附件一起由指定人员妥善保管，以备交单结汇。分批装运的信用证在第二次或以后出运时，注意信用证余额，不能超余额出运。用完的信用证按号另行归档。

## 二、受益人审证

### （一）受益人审核信用证

受益人收到信用证后，必须对所收到的信用证以买卖合同为依据进行全面审查。如发现任何与合同不符而又不能接受或无法做到的条款和规定，应通知进口人进行必要的修改。

虽然通知行只负责核对信用证的真实性并进行通知，并无审核信用证的义务，但是实务中通知行往往为了受益人的利益而审核信用证。

### （二）出口商的审证

出口商主要审查信用证与合同的一致性、信用证条款的可接受性以及价格条款的完整性等。

（1）将信用证与买卖合同进行核对，审查信用证与合同的一致性。

（2）审查信用证条款的可接受性。

有些名为“不可撤销”的信用证中会出现各种限制信用证生效的条款、有条件的付款条款和限制出口人履约、交单等的条款，极大地损害了出口人的利益，这些条款通常被称为“软条款”，应要求删除。常见软条款：

①限制信用证生效的条款，如：“本证生效须由开证行以修改书形式另行通知”；“本证是否生效依进口人是否能取得进口许可证”。

②限制出口人装运的条款，如："货物只能待收到申请人指定船名的装运通知后装运，而该装运通知将由开证行随后以信用证修改书的方式发出。受益人应将该修改书包括在每套单据中议付"。

③限制出口人单据的条款，如："受益人所交单据中应包括：由开证申请人或其代表签署的检验证书一份"，"受益人所交单据中应包括：由开证申请人手签的说明运输船名的信函一封"。

④限制出口人交单的条款，如："船样寄开证申请人确认后受益人才可交单"。

⑤开证行有条件付款责任的条款，如："开证行在货到目的港后通过进口商品检验后才付款"，"在货物清关或由主管当局批准进口后才支付货款"。

（3）价格条款的完整性。

FOB 和 CFR 价格术语下，信用证中均应说明"保险由进口人负责投保"，且含有运输单据条款，其中 FOB 项下注明"运费到付"，CFR 项下注明"运费已付"；而 CIF 价格术语下，信用证中的运输单据条款中注明"运费已付"，同时应包括保险单据条款。

（4）其他审证内容。

信用证的有效期和最后装运日，如离最后装运日太近应要求展延装期、效期；信用证的装期和效期为同一天即"双到期"时，须自行将装期提前 10 天办理托运；如信用证规定向银行交单的日期不得迟于装运日期若干天，要注意该期限是否合理，能否办到。

①信用证的到期日和到期地点。按 UCP600，所有信用证均须规定一个交单到期日和一个付款交单、承兑交单的地点，或除了自由议付信用证外的一个议付交单的地点。据此，凡未注明到期日的信用证应视作无效，规定的到期地点应在出口国。

②货物的控制权。出口人在其交单后开证行付款以前应设法保持对货物的控制权。下列情况是出口人在收到信用证时必须注意的：信用证规定提单应以进口人作为收货人；信用证要求空运单或邮包收据，并以进口人为收货人；信用证规定出口人在货物装运后将部分提单或全套提单直接寄给进口人。

## 三、信用证的接受

出口商及时、全面审证的基础上，若“单单一致、单证一致”，出口将接受信用证，进入备货阶段。

【任务(6)-3】

出口商收到信用证已到的邮件、查看，进入业务中心，点“出口地银行”建筑，点“接受信用证”，审核信用证，点“接受”信用证。

# 实训五 订货

出口业务流程中的订货，是指贸易双方就报价达成意向后，买方企业正式订货并就一些相关事项与卖方企业进行协商，双方协商认可后，需要签订《国内购销合同》。在签订《国内购销合同》过程中，主要对商品名称、规格型号、数量、包装、价格、产地、装运期、付款条件、结算方式、索赔、仲裁等内容进行商谈，并将商谈后达成的协议写入《国内购销合同》。这标志着出口业务的正式开始。通常情况下，签订购货合同一式两份由双方盖本公司公章生效，双方各保存一份。

## 一、按时、按质、按量备货

在出口贸易中，备货就是根据出口合同的规定，按时按质按量准备好应交货物，以保证按时出运。备货工作是履行出口合同的基础。备货是配送的基础环节，又是决定配送成败与否、规模大小的最基础环节，同时，它也是决定配送效益高低的关键环节。如果备货不及时或不合理，成本较高，会大大降低配送的整体效益。

### （一）备货的具体活动内容

严格来说，备货应当包括两项具体活动：筹集货物和存储货物。

（1）筹集货物。在不同的经济体制下，筹集货物（组织货源）是由不同的行为主体来完成的。在专业化流通体制下，组织货源和筹集货物的工作会出现两种情况：其一，由提供配送服务的配送企业直接承担。一般是通过向生产企业订货或购货完成此项工作。其二，选择商流、物流分开的模式进行，配送、订货、购货等筹集货物的工作由生产企业自己去做，配送企业只负责进货和集货等工作，货物所有权属于生产企业。然而，无论具体做法怎样不同，总的来说筹集货物由订货、进货、集货和相关的验货、结算等一系列活动组成。

（2）存储货物。存储货物是购货、进货活动的延续。在配送活动中，货物存储有两种表现形态：一种是暂存形态，按照分拣、配货工序的要求，在理货场地储存少量货物；另一种是储备形态，包括保险储备和周转储备，按照一定时期配送活动要求和根据货源的到货情况，比如到货周期，有计划地确定的。它是使配送持续运作的资源保证。

### （二）备货中卖方应注意的问题

（1）所备货物的品质、规格、花色品种应符合合同的规定，既不要偏高，也不要偏低。偏高时我方不利，而且影响以后业务的进行；偏低容易遭到对方拒收或索赔。

（2）备货数量要多于合同规定的数量，以防不测；实际交货数量应符合合同或信用证规定。凡按重量计量的货物而在买卖合同或信用证中均未规定按何种方法计量者，按惯例应以净重计量。

（3）货物的包装必须符合合同规定和运输要求，唛头应按合同规定的式样刷制，要注意清楚醒目，颜色不易脱落。

（4）备货时间按距离启运港远近，提前进行。注意备货完成时间一定要早于信用证规定的船期，严防脱节。

（5）针对不同商品情况对出口货物进行检验，是不可缺少的重要环节。

（6）货物必须是第三方不能提出任何权利或请求的。卖方应保证对所售货物享有合法的完全的所有权，他应有权出售该项货物，并保证买方能安稳地占有和支配该项货物而不受任何第三方的侵扰。

## 二、备货时间

进出口实务中，备货一般应在合同订立和收到合格信用证以后。

货物备妥时间应与合同和信用证装运期限相适应。交货时间是国际货物买卖合同的主要交易条件，倘若违反，买方不仅有权拒收货物并提出索赔，甚至还可宣告合同无效。因此，货物备妥的时间，必须适应出口合同与信用证规定的交货时间和装运期限，并结合运输条件，例如船期，进行妥善安排。为防止意外，一般还应适当的留有余地。

凡出口合同规定收到买方信用证后若干天内交货的，为保证按时履行合同、防止被动，应督促买方按照合同规定期限开到信用证。收到信用证后，还必须抓紧时间审核，认可后及时安排生产、组织货源。

## 三、出口货源

出口货源是指对外贸易中涉及的商品，通常指适合对外销售的，能用于国外消费者直接消费或可给国外批发商带来再次销售利润的产品。

能提供外贸产品的工厂、代理商、贸易公司或小额批发商即为外贸货源。除了这些传统的外贸找货源的方式外，近年来兴起的外贸平台也是找外贸货源的一种重要方式，如知名四大外贸平台网站阿里巴巴、ECVV、环球资源和中国制造是主要的平台找货源网站。

出口货源有两种：一是现货，即可供出货、储存和制造业使用的实物商品；二是期货，以某种大宗产品如棉花、大豆、石油等及金融资产如股票、债券等为标的标准化可交易合约，需要组织收购或布置生产。

## 四、经营方式

### （一）出口代理

出口代理是指一家企业（委托方）委托有进出口资质的另一家企业（受托方，即代理方）从事出口业务。分两种情况：其一，委托方有进出口权，但由于某些原因无法顺利办理进出口业务的，如缺乏专业的业务或财务人员的，由于某些商业原因委托方需要回避的，等等；其二，委托方没有进出口权。需要指出的是，委托方和代理方都要有相关产品的经营资质。

出口代理是由委托方与外商谈判好有关供货条件，准备好货源，由专业外贸公司办理出口手续。具体操作流程如下：

（1）代理方向委托方提供国际贸易惯例和报价服务（如有需要）；

（2）代理人接受委托方委托与外商签订《对外贸易货物出口合同》，制作形式发票；

（3）收审信用证（如有需要），追踪合同执行程度；

（4）根据委托方提供的装箱明细制作出口单证（发票、箱单）；

（5）配合委托方办理出口批文手续；

（6）配合委托方办理出口商检、动卫检手续；

（7）办理产地证；

（8）办理出口货运手续；

（9）办理出口报关手续；

（10）交付全套单证（给外商或银行）；

（11）收汇后办理结汇、外汇核销手续；

（12）代理方与委托方结算并收（付）款。

**（二）采用收购制（卖断制）**

卖断制，也叫经销制，是生产者在分销产品的同时将产品的所有权转移给出口批发商或零售商的经销方式。

**【任务(7)-1】**

信用证到达后，出口商开始备货，找到合适的工厂，通过邮件与之磋商，达成一致后签订国内买卖合同（双方均可起草合同）。以出口商为例，点“工厂”的建筑，点“起草合同”输入合同号、交易对象编号，设置为主合同确认，填写“买卖合同”（表2-3）保存，点“检查合同”，点“合同送工厂”确认。

## 表 2-3　国内购销合同

### 买卖合同

卖方：冠驰股份有限公司　　　　　　合同编号：Order 01

买方：腾飞贸易股份有限公司　　　　签订时间：2015-04-07

签订地点：成都

一、产品名称、品种规格、数量、金额、供货时间：

| 选择 | 产品编号 | | 计量单位 | 数量 | 单价（元） | 总金额（元） | 交（提）货时间及数量 |
|---|---|---|---|---|---|---|---|
| ⊙ | 02009 | 女士 T 恤衫每箱 20 件，颜色：黑色，面料成分：全棉 | PC | 15000 | 80 | 1200000 | 2015 年 5 月 10 日前工厂交货 |
| | | | | | | | |
| 合计： | | | PC | 15000 | | 1200000 | |
| 合计人民币（大写） | 壹佰贰拾万元整 | | | | | | |
| 备注： | | | | | | | |

二、质量要求/技术标准、卖方对质量负责的条件和期限：
符合 ISO9002 质量体系认证，如因品质问题引起的一切损失及索赔由供方承担，质量异议以本合同有效期为限。

三、交（提）货地点、方式：
工厂交货。

四、交（提）货地点及运输方式及费用负担：
集装箱门到门交货、费用由需方承担。

五、包装标准、包装物的供应与回收和费用负担：
纸箱包装符合出口标准、商标由需方无偿提供。

六、验收标准、方法及提出异议期限：
需方代表按出口优级品检验内在品质及外包装，同时供方提供商检放行单或商检换证凭单。

七、结算方式及期限：
需方凭供方提供的增值税发票在供方工厂交货后七个工作日内付款。如果供方未将有关票证备齐，需方扣除 17%税款支付给供方，等有关票证齐全后结清余款。

八、违约责任：
违约方支付合同金额的 15%违约金。

九、解决合同纠纷的方式：
按《中华人民共和国经济合同法》。

十、本合同一式两份，双方各执一份，效力相同。未尽事宜由双方另行友好协商。

| 卖　方 | 买　方 |
|---|---|
| 单位名称： | 单位名称：腾飞贸易股份有限公司 |
| 单位地址： | 单位地址：成都市人民南路天府大厦1010室 |
| 法人代表或委托人： | 法人代表或委托人：陈腾飞 |
| 电话： | 电话：86-28-88886666 |
| 税务登记号： | 税务登记号：000000000000003 |
| 开户银行： | 开户银行：成都商业银行 |
| 账号： | 账号：SIM-dst011 |
| 邮政编码： | 邮政编码：610041 |

## 实训六　租船订舱

当卖方备妥货物，收到国外开来的信用证，并且经过审核无误后，能否做到船货衔接，按合同及信用证规定的时间及时将货物出运，主要决定于租船订舱这个环节。

### 一、租船订舱的准则

（1）出口公司根据船公司提供的船期表掌握船、货情况，在船舶抵达港口或截止签单前，及时办理托运手续。

（2）出口公司办理订舱手续时，力求准确无误，尽量避免加载（增加订舱数量）、退载和变载的情况发生，以免影响承运人和船、货代理人以及港务部门的工作。

（3）对于发生额外特殊货物，如散装油类、冷藏货和鲜活货物的订舱，出口公司应事先通知承运人或船、货代理人，并列明要求。

### 二、租船订舱的程序

（1）出口公司填写托运单，作为订舱依据。托运单是指托运人（发货人）根据买卖合同和信用证内容填写的向承运人或其代理人办理货物托运的单证。承运人或其代理人根据托运单内容，结合船舶的航线挂靠港、船期和舱位等条件综合考虑，认为合适即可接受托运。

（2）船运公司或其代理人收到托运单后，经审核确定接受承运，即将托运单的配舱回单退回，并发给托运人装货单。装货单是接受人托运人提出装运申请的船公司或外轮代表公司签发给托运人，凭以命令船长将承运货物装船的单据。

（3）货物经海关查验入行装船后，即由船长或大副签收“收货单”。收货单是船公司签发给托运人的表明货物已装妥的临时收据。托运人凭收货单向外轮代理公司交付运费并换取正式提单。

## 三、海运相关程序

在海洋运输方式下，要根据信用证规定的装运期，在备货的同时，尽快安排好船只，做好船货衔接，及时装运货物。海运班轮运输方式下，货物装运的有关程序：

### （一）托运

①出口人办理货物托运；
②参照船期表，填写出口货物托运单/订舱委托单/出口货物明细单；
③收单期截止前交运输机构（运输代理人或实际承运人）；
④运输机构配载船只和舱位，签发装货单（Shipping Order）；
⑤托运人按通知将货物运送至指定仓库。

### （二）装运货物

①船抵装运港，船方装运货物；
②装船完毕，船长或大副签发大副收据（Mate's Receipt）；
③凭大副收据换取已装船提单。

### （三）发装运通知

①装运后，应及时发装运通知；
②装运通知形式。

**【任务(9)】**

在与工厂订货的同时，为保证有船可运，出口商还要租船订舱。出口商登录，点“进口商”的建筑，点“添加单据”，选中“货物出运委托书”（表2-4）确定。点“查看单据列表”并填写、保存、检查。回到“业务中心”，点“船公司”的建筑，选择“制定船公司”业务，选择船公司、确定，点“洽订舱位”（选择集装箱类型、装船日期）确定。点“进口商”的建筑物查看配舱通知的内容，点“查看单据列表”查看“配舱通知”。

## 表 2-4　货物出运委托书

货物出运委托书

（出口货物明细单）

日期：2015-04-07

根据《中华人民共和国合同法》与《中华人民共和国海商法》的规定，就出口货物委托运输事宜订立本合同

| | | | |
|---|---|---|---|
| 合同号 | Contract001 | 运输编号 | |
| 银行编号 | dst01 | 信用证号 | STLCN000002 |
| 开证银行 | THE CHARTERED BANK | | |
| 付款方式 | L/C | | |
| 贸易性质 | 一般贸易 | 贸易国别 | Canada |
| 运输方式 | 海运 | 消费国别 | Canada |
| 装运日期 | 2015-05-20 | 出口口岸 | Chongqing |
| 有效期限 | 2015-06-30 | 目的港 | Toronto |
| 可否转运 | NO | 可否分批 | NO |
| 运费预付 | YES | 运费到付 | NO |

| | |
|---|---|
| 托运人 | 腾飞贸易股份有限公司<br>成都市人民南路天府大厦1010室 |
| 抬头人 | To order of Carters Trading Company |
| 通知人 | Carters Trading Company P. O. Box8888，New Terminal，LataVista，Ottawa，Canada |

| 选择 | 标志唛头 | 货物规格 | 件数 | 数量 | 毛重 | 净重 | 单价 | 总价 |
|---|---|---|---|---|---|---|---|---|
| ⊙ | WOMEN'S T-SHIRT CANADA C/NO. 1-750 MADE IN CHINA | WOMEN'S T-SHIRT 20PCS PER CARTON，COLOR：BLACK，FABRIC CONTENT：100% COTTON | 750 CARTON | 15000 PC | 9750 KGS | 8250 KGS | USD30 | USD 450000 |
| | | | | | | | | |
| TOTAL： | | | [750] [CARTON] | [15000] [PC] | [9750] [KGS] | [8250] [KGS] | | [USD] [450000] |

| | | | |
|---|---|---|---|
| 注意事项 | FOB 价 | | [ ] [ ] |
| | 总体积 | | [ 107.31] [CBM ] |
| | 保险单 | 险别 | |
| | | 保额 | [ ] [ ] |
| | | 赔款地点 | |
| | 海关编号 | | 0000000003 |
| | 制单员 | | |

受托人（即承运人）

名称：________

电话：________

传真：________

委托代理人：________

委托人（即托运人）

名称：腾飞贸易股份有限公司

电话：86-28-88886666

传真：86-28-88886669

委托代理人：陈腾飞

填写说明：

（1）出口商应根据信用证规定的最迟装运期、货源和船源情况安排委托出运。一般情况应提前5天左右或更长，以便留出机动时间应付意外情况发生。货物出运委托书的填写和托运单的有关栏目相同，填写时中英文结合，个别栏目因出口货物不同而异。因此，各公司在印制自己使用的此类单据时，稍有变化，但大体内容基本一致。

（2）抬头人，即提单上的抬头人，将来船公司签发的提单上的相应栏目的填写会参照委托书的写法。如：信用证方式下：①来证要求："Full set of B/L made out to order"，提单收货人一栏则应填"To order"；②来证要求："B/L issued to order of Applicant"，此Applicant为信用证的申请开证人Big A. Co.，则提单收货人一栏填写"To order of Big A. Co."；③来证要求："Full set of B/L made out our order"，开证行名称为Small B Bank，则应在收货人处填"To small B Bank's order"。

（3）贸易性质，即贸易方式，共分为7种：一般贸易即正常贸易，寄售、代销贸易，对外承包工程，来料加工，免费广告品、免费样品，索赔、换货、补贸和进口货退回。

（4）出口口岸，填写货物出境时我国港口或国境口岸的名称，按合同或信用证所列填写。若出口货物在设有海关的发运地办理报关手续，出口口岸仍应填写出境口岸的名称。

（5）运费预付、到付。如CIF或CFR出口，一般均在运费预付栏填"是"或"YES"或"Y"字样，并在到付栏填"否"或"NO"或"N"，千万不可漏列，否则收货人会因运费问题提不到货，虽可查清情况，但拖延提货时间，也将造成损失。如系FOB出口，则反之，除非收货人委托发货人垫付运费。

（6）标志唛头，按照合同规定填写。唛头即运输标志，既要与实际货物一致，还应与提单一致，并符合信用证的规定。如信用证没有规定，可按买卖双方和厂商订的方案或由受益人自定。无唛头时，应注"N/M"或"No Mark"。如为裸装货，则注明"NAKED"或散装"In Bulk"。如来证规定唛头文字过长，用"/"将独立意思的文字彼此隔开，可以向下错行。即使无线相隔，也可酌情错开。

## 实训七　报检

报检是指有关当事人根据法律、行政法规的规定，对外贸易合同的约定或证明履约的需要，向检验机构申请检验、检疫、鉴定或准出入境或取得销售使用的合法凭证及某种公证证明所必须履行的法定程序和手续。

## 一、出入境检验检疫报检范围

（1）依法须由出入境检验检疫机构检验检疫的。

①列入《出入境检验检疫机构实施检验检疫的进出境商品目录》内的货物。

②入境废物、进口旧机电产品。

③出口危险货物包装容器的性能检验和使用鉴定。

④进出境集装箱。

⑤进境、出境、过境的动植物、动植物产品及其他检疫物。

⑥装载动植物、动植物产品和其他检疫物的装载容器、包装物、铺垫材料；进境动植物性包装物、铺垫材料。

⑦来自动植物疫区的运输工具；装载进境、出境、过境的动植物、动植物产品及其他检疫物的运输工具。

⑧进境拆解的废旧船舶。

⑨出入境人员、交通工具、运输设备以及可能传播检疫传染病的行李、货物和邮包等物品。

⑩旅客携带物（包括微生物、人体组织、生物制品、血液及其制品、骸骨、骨灰、废旧物品和可能传播传染病的物品以及动植物、动植物产品和其他检疫物）和携带伴侣动物。

⑪国际邮寄物（包括动植物、动植物产品和其他检疫物、微生物、人体组织、生物制品、血液及其制品以及其他需要实施检疫的国际邮寄物）。

⑫其他法律、行政法规规定需经检验检疫机构实施检验检疫的其他应检对象。

（2）输入国家或地区规定必须凭检验检疫机构出具的证书方准入境的。

（3）有关国际条约规定须经检验检疫的。

（4）对外贸易合同约定须凭检验检疫机构签发的证书进行交接、结算的。

（5）申请签发一般原产地证明书、普惠制原产地证明书等原产地证明书的。

## 二、出境报检的要求

出境报检时，应填写出境货物报检单，并提供外贸合同（售货确认书或函电)、信用证、发票、装箱单等必要的单证。

下列情况还应按要求提供有关文件:

(1)凡实施出口质量许可、卫生注册登记或需审批审核的货物,应提供有关证明。

(2)凭样成交的货物,应提供经买卖双方确认的样品。

(3)实施品质检验的,须由生产经营部门出具厂检结果单原件;如有运输包装,还应提供检验检疫机构签发的《出境货物运输包装性能检验结果单》(正本)。

(4)报检出境危险货物的,必须提供危险货物包装容器性能鉴定结果单和使用鉴定结果单。

(5)出境特殊物品的,应提供国家出口批文和有关证明、检验证书等,以及检验检疫局卫生检疫处签发的《入/出境特殊物品卫生检疫审批单》。

(6)出境废旧物品的,应提供检验检疫局各分支机构签发的《入/出境废旧物品检验检疫预申报证》。

(7)用于展览、工程、科研等临时出境货物报检时,须提供政府批文或其他有效证明文件。

### 三、出境货物产地检验检疫原则

检验检疫机构对出口货物实行产地检验检疫原则,出口企业必须到货物的生产地所属检验检疫机构办理报检手续。如货物需要异地报关,可由产地检验检疫机构实施电子转单或出具《出境货物换证凭单》,然后持电子转单凭条或换证凭单到口岸检验检疫机构换发《出境货物通关单》办理通关手续。

### 四、产地为深圳地区的一般贸易出境货物的检验检疫手续

供港鲜活产品,一般在文锦渡出入境检验检疫局办理检验检疫手续。

其他货物由企业所在地检验检疫局(辖区局)受理报检、计收检验检疫费、实施检验检疫,并签发检验检疫证书及“出境货物通关单”。

对企业零星收购,在深圳进行再加工、分级、包装等最后一道工序在深圳完成的一般性出口货物,货主可凭加工合同及有关报检资料在货物加工地检验检疫局办理检验检疫手续。

## 五、加工贸易出境货物的检验检疫手续

加工贸易企业的集中报检和逐批报检出境货物，一律由企业所在地检验检疫局（辖区局）受理报检、计收检验检疫费、实施检验检疫，并办理签证、通关手续。

企业必须把货物的出境情况逐次填写在《管理手册》上，并凭《管理手册》和《海关登记手册》、海关货物清单以及“出境货物通关单”、“熏蒸/消毒证书”等有关单据到辖区局办理月报核销手续。

## 六、注意事项

### （一）报检资格

（1）报检单位首次报时须持本单位营业执照和政府批文办理登记备案手续，取得报检单位代码。其报检人员经检验检疫机构培训合格后领取“报检员证”，凭证报检。

（2）代理报检单位须按规定办理注册登记手续，其报检人员经检验检疫机构培训合格后领取“代理报检员证”，凭证办理代理报检手续。

（3）代理报检的，须向检验检疫机构提供委托书，委托书由委托人按检验检疫机构规定的格式填写。

（4）非贸易性质的报检行为，报检人凭有效证件可直接办理报检手续。

### （二）报检范围

（1）国家法律法规规定必须由检验检疫机构检验检疫的。

（2）输入国家或地区规定必须凭检验检疫机构出具的证书方准入境的。

（3）有关国际条约规定须经检验检疫的。

（4）申请签发普惠制原产地证或一般原产地证的。

（5）对外贸易关系人申请的鉴定业务和委托检验。

（6）对外贸易合同、信用证规定由检验检疫机构或官方机构出具证书的。

（7）未列入《检验检疫商品目录》的入境货物经收、用货单位验收发现质量不合格或残损、短缺，需检验检疫局出证索赔的。

（8）涉及出入境检验检疫内容的司法和行政机关委托的鉴定业务。

**（三）报检证单的更改**

（1）报检人申请撤销报检时，应书面说明原因，经批准后方可办理撤销手续。

（2）报检后30天内未联系检验检疫事宜的作自动撤销报检处理。

（3）有下列情况之一的应重新报检：

①超过检验检疫有效期限的；

②变更输入国家或地区，并又有不同检验检疫要求的；

③改换包装或重新拼装的；

④已撤销报检的。

（4）报检人申请更改证单时，应填写更改申请单，交附有关函电等证明单据，并交还原单证，经审核同意后方可办理更改手续。

（5）品名、数（重）量、检验检疫结果、包装、发货人、收货人等重要项目更改后与合同、信用证不符的，或者更改后与输出、输入国家或地区法律法规规定不符的，均不能更改。

（6）报检人遗失检验检疫证单的，必须由报检人书面说明理由，经法定代表人签字，加盖公章，并在指定的报纸或刊物上声明作废，经检验检疫局审批同意后，再重新签发。

**【任务(10)】**

1. 在“业务中心”点“进口商”建筑，点“添加单据”，添加“商业发票”（表2-5）保存，点“查看单据列表”填写商业发票、保存、检查，点“添加单据”，添加“装箱单”（表2-6）并填写、保存、检查；

2. 添加“出境货物报检单”（表2-7）并填写、保存、检查；

3. 回到“业务中心”，点“检验机构”的建筑物，点“申请报检”，选择提交单据（销货合同、信用证、商业发票、装箱单），申请报检，系统提示：签发通关单及相应检验证书，点“财务资料”查看报检费已扣除。

表 2-5 商业发票

<table>
<tr><td colspan="3">ISSUER<br>TENGFEI TRADING CORP.<br>Room1010，Tianfu Mansion，Renmin South road，Chengdu 610041，P. R. China</td><td colspan="3">商业发票<br>COMMERCIAL INVOICE</td></tr>
<tr><td colspan="3" rowspan="2">TO<br>Carters Trading Company<br>P. O. Box 8888，New Terminal，Lata. Vista，Ottawa，Canada</td><td colspan="2">NO.<br>STINV000002</td><td>DATE<br>2015-04-07</td></tr>
<tr><td colspan="2">S/C NO.<br>Contract 001</td><td>L/C NO.<br>STLCN 000002</td></tr>
<tr><td colspan="3">TRANSPORT DETAILS<br>From Nanjing to Toronto on May 20，2011 By Vessel</td><td colspan="3">TERMS OF PAYMENT<br>L/C</td></tr>
<tr><td>Choice</td><td>Marks and Numbers</td><td>Description of Goods</td><td>Quantity</td><td>Unit Price</td><td>Amount</td></tr>
<tr><td colspan="6">CIF TORONTO</td></tr>
<tr><td>⊙</td><td>WOMEN´S T-SHIRT<br>CANADA<br>C/NO. 1-750<br>MADE IN CHINA</td><td>WOMEN´S T-SHIRT<br>20PCS PER CARTON，<br>COLOR：BLACK，<br>FABRIC CONTENT：<br>100% COTTON</td><td>15000PC</td><td>USD30</td><td>USD450000</td></tr>
<tr><td></td><td></td><td></td><td></td><td></td><td></td></tr>
<tr><td colspan="6">Total ［15000］［PC］ ［USD］［450000］<br>SAY TOTAL：U. S. DOLLARS FOUR HUNDRED AND FIFTY THOUSAND ONLY<br>（写备注处）<br><br>TENGFEI TRADING CORP.（公司名称）<br>Tengfei Chen（法人签名）</td></tr>
</table>

填写说明：

（1）商业发票又称发票，是出口贸易结算单据中最重要的单据之一，所有其他单据都应以它为中心来缮制。因此，在制单顺序上，往往首先缮制商业发票。商业发票是卖方对装运货物的全面情况（包括品质、数量、价格，有时还有包装）详细列述的一种货款价目的清单。它常常是卖方陈述、申明、证明和提示某些事宜的书面文件。另外，商业发票也是作为进口国确定征收进口关税的基本资料。

（2）一般来说，发票无正副本之分。来证要求几份，制单时在此基础之上多制一份供议付行使用。如需正本，加打“ORIGIN”。不同发票的名称表示不同用途，要严格根据信用证的规定制作发票名称。一般发票都印有“IN-

VOICE”字样，前面不加修饰语，如信用证规定用“COMMERCIAL INVOICE”“SHIPPING INVOICE”“TRADE INVOICE”或“INVOICE”，均可作商业发票理解。

（3）“Issuer”（出票人），填写出票人（即出口商）的英文名称和地址，在信用证支付方式下，应与信用证受益人的名称和地址保持一致。一般来说，出票人名称和地址是相对固定的，因此有许多出口商在印刷空白发票时就印刷上这一内容。但当公司更名或搬迁后，应及时印刷新的发票，以免造成单证不符。当来证规定用公司新名称、地址时，采用新发票；而当来证规定用公司旧名称、地址时，应用旧发票。

（4）“To”（受票人），也称抬头人，此项必须与信用证中所规定的严格一致。多数情况下填写进口商的名称和地址，且应与信用证开证申请人的名称和地址一致。如信用证无规定，即将信用证的申请人或收货人的名称、地址填入此项。如信用证中无申请人名字则用汇票付款人。在其他支付方式下，可以按合同规定列入买方名址。

（5）“No.”（发票号）。一般由出口企业自行编制。发票号码可以代表整套单据的号码，如出口报关单的申报单位编号、汇票的号码、托运单的号码、箱单及其他一系列同笔合同项下的单据编号都可用发票号码代替，因此发票号码尤其重要。有时，有些地区为使结汇不致混乱，也使用银行编制的统一编号。应注意的是，每一张发票的号码都应与同一批货物的出口报关单的号码一致。

（6）“Date”（发票日期）。在全套单据中，发票是签发日最早的单据。它只要不早于合同的签订日期、不迟于提单的签发日期即可。一般都是在信用证开证日期之后、信用证有效期之前。

（7）“Transport Details”（运输说明）。填写运输工具或运输方式，一般还加上运输工具的名称；运输航线要严格与信用证一致。如果在中途转运，在信用证允许的条件下，应表示转运及其地点。如：From Shanghai to London on July 1, 2015, Thence Transhipped to Rotterdam By Vessel.（所有货物于2015年7月1日通过海运，从上海港运往伦敦港，中途在鹿特丹港口转船。）

（8）“S/C No.”（合同号）。发票的出具都有买卖合同作为依据，但买卖合同不都以“S/C”为名称。有时出现“Order”“P. O.”“Contract”等。因此，当合同的名称不是“S/C”时，应将本项的名称修改后，再填写该合同的号码。

（9）“L/C No.”（信用证号）。信用证方式下的发票需填列信用证号码，作为出具该发票的依据。若不是信用证方式付款，本项留空。

（10）“Term of Payment”（支付条款）。填写支付方式，如T/T、L/C、D/P、D/A。

（11）“Marks and Numbers”（唛头及件数编号）。唛头即运输标志，既要与实际货物一致，还应与提单一致，并符合信用证的规定。如信用证没有规定，可按买卖双方和厂商订的方案或由受益人自定。无唛头时，应注“N/M”或“No Mark”。如为裸装货，则注明“NAKED”或散装“In Bulk”。如来证规定唛头文字过长，用“/”将独立意思的文字彼此隔开，可以向下错行。即使无线相隔，也可酌情错开。件数有两种表示方法，一是直接写出××件，二是在发票中记载诸如“We hereby declare that the number of shipping marks on each packages is 1~10, but we actually shipped 10 cases of goods.”（兹申明，每件货物的唛头号码是从1~10，实际装运货物为10箱）之类的文句。

（12）“Description of Goods”（货物描述），是发票的主要部分，包括商品的名称、规格、包装、数量、价格等内容。品名规格应该严格按照信用证的规定或描述填写。货物的数量应该与实际装运货物相符，同时符合信用证的要求，如信用证没有详细的规定，必要时可以按照合同注明货物数量，但不能与来证内容有抵触。

（13）“Quantity”（数量）。货物的数量，与计量单位连用，如：××PC。注意该数量和计量单位既要与实际装运货物情况一致，又要与信用证要求一致。

（14）“Unit Price”（单价）。单价由四个部分组成：计价货币、计量单位、单位数额和价格术语。如果信用证有规定，应与信用证保持一致；若信用证没规定，则应与合同保持一致。本栏填写方法与合同中的相关内容相同，说明如下：①贸易术语：请填于上方空白栏中，填写格式为：FOB后加“启运港”或“出口国家名称”；CFR或CIF加“目的港”或“进口国家名称”。②计价货币与单价金额：依双方约定填写，如：USD30。

（15）“Amount”（金额小计），列明币种及各项商品总金额（总金额=单价×数量）。除非信用证上另有规定，货物总值不能超过信用证金额。若信用证没规定，则应与合同保持一致。实际制单时，若来证要求在发票中扣除佣金，则必须扣除。折扣与佣金的处理方法相同。有时证内无扣除佣金规定，但金额正好是减佣后的金额，发票应显示减佣，否则发票金额超证。有时合同规定佣金，但来证金额内未扣除，而且证内也未提及佣金事宜，则发票不宜显示，待货款收回后另行汇给买方。另外，在 CFR 和 CIF 价格条件下，佣金一般应按扣除运费和保险费之后的 FOB 价计算。

（16）“SAY TOTAL”（总额），以大写文字写明发票总金额，必须与数字表示的货物总金额一致。如：“U. S. DOLLARS EIGHTY NINE THOUSAND SIX HUNDRED ONLY”。

（17）“Signature”（签名）。根据《UCP600》条款规定，如果信用证没有特殊要求，发票无须签字，但是必须表明系由受益人出具。如果信用证要求签字（Signed）发票，由出口公司的法人代表或者经办制单人员代表公司在发票右下方签名，上方空白栏填写公司英文名称，下方则填写公司法人英文名称。发票的出票人一般为信用证的受益人，如果是可转让信用证或其表明接受第三方单据，则出票人可为受让人或第三者。

**表 2-6　装箱单**

<table>
<tr><td colspan="4" rowspan="2">ISSUER<br>TENGFEI TRADING CORP.<br>Room1010，Tianfu Mansion，Renmin South road，Chengdu610041，P. R. China</td><td colspan="3">装箱单<br>PACKING LIST</td></tr>
<tr><td colspan="3" rowspan="0"></td></tr>
<tr><td colspan="4" rowspan="2">TO<br>Carters Trading Company<br>P. O. Box8888，New Terminal，Lata. Vista，Ottawa，Canada</td><td>INVOICE NO.</td><td colspan="2">DATE</td></tr>
<tr><td>STINV000002</td><td colspan="2">2015-04-07</td></tr>
<tr><td>Choice</td><td>Marks and Numbers</td><td>Description of Goods</td><td>Package</td><td>G. W</td><td>N. W</td><td>Meas.</td></tr>
<tr><td colspan="7">CIF TORONTO</td></tr>
<tr><td>⊙</td><td>WOMEN'S T-SHIRT<br>CANADA<br>C/NO. 1-750<br>MADE IN CHINA</td><td>WOMEN'S T-SHIRT<br>20PCS PER CARTON，<br>COLOR：BLACK，<br>FABRIC CONTENT：<br>100% COTTON</td><td>750<br>CARTON</td><td>9750<br>KGS</td><td>8250<br>KGS</td><td>107. 31<br>CBM</td></tr>
<tr><td></td><td></td><td></td><td></td><td></td><td></td><td></td></tr>
</table>

续表

| | | | | |
|---|---|---|---|---|
| Total | [750] [USD] | [9750] [KGS] | [8250] [KGS] | [107.31] [CBM] |

SAY TOTAL：SEVEN HUNDRED AND FIFTY CARTONS ONLY

（写备注处）

TENGFEI TRADING CORP.（公司名称）

*Tengfei Chen*（法人签名）

填写说明：

（1）“PACKING LIST”（装箱单）。装箱单是发票的补充单据，它列明了信用证（或合同）中买卖双方约定的有关包装事宜的细节，便于国外买方在货物到达目的港时供海关检查和核对货物，通常可以将其有关内容加列在商业发票上，但是在信用证有明确要求时，就必须严格按信用证约定制作。装箱单名称应按照信用证规定使用。通常用“PACKING LIST”“PACKING SPECIFICATION”或“DETAILED PACKING LIST”。如果来证要求用“中性包装单”（NEUTRAL PACKING），则包装单名称打“PACKING LIST”，但包装单内不打卖方名称，不能签章。

（2）“Issuer”（出单方）。出单人的名称与地址，应与发票的出单方相同。在信用证支付方式下，此栏应与信用证受益人的名称和地址一致。

（3）“To”（受单方）。受单方的名称与地址，与发票的受单方相同。多数情况下填写进口商的名称和地址，并与信用证开证申请人的名称和地址保持一致。在某些情况下也可不填，或填写“To whom it may concern”（致有关人）。

（4）“G. W”（毛重）。注明每种商品的总毛重及重量单位，最后在合计栏处把所有交易商品的毛重累加。信用证或合同未要求，不注亦可。如：9750 KGS。

（5）“N. W”（净重）。注明每种商品的总净重及重量单位，最后在合计栏处把所有交易商品的净重累加。信用证或合同未要求，不注亦可。如：8250 KGS。

（6）“Meas.”（尺寸）。注明每种商品的总体积及体积单位，最后在合计栏处把所有交易商品的体积累加。信用证或合同未要求，不注亦可。如：

107.31 CBM。

**表 2-7 出境货物报检单**

## 中华人民共和国出入境检验检疫

## 出境货物报检单

报检单位(加盖公章):腾飞贸易股份有限公司 ＊编 号:STEPC000002

报检单位登记号:0000000003 联系人:陈腾飞 电话:86-28-88886666 报检时间:2015-04-07

| | | | | | | |
|---|---|---|---|---|---|---|
| 发货人 | (中文) 腾飞贸易股份有限公司 | | | | | |
| | (外文) TENGFEI TRADING CORP. | | | | | |
| 收货人 | (中文) | | | | | |
| | (外文) Carters Trading Company | | | | | |
| 选择 | 货物名称(中/外文) | H. S. 编码 | 产地 | 数/重量 | 货物总值 | 包装种类及数量 |
| ⊙ | 女式 T 衫恤<br>WOMEN'S T-SHIRT | 6109100022 | 中国 | 15000PC | USD450000 | 750CARTON |
| | | | | | | |

| | | | | | |
|---|---|---|---|---|---|
| 运输工具名称号码 | Ryndam | 贸易方式 | 一般贸易 | 货物存放地点 | Chongqing CY |
| 合 同 号 | Contract001 | 信用证号 | STLCN000002 | 用途 | |
| 发运日期 | 2015-05-15 | 输往国家(地区) | 加拿大 | 许可证/审批号 | |
| 启 运 地 | 重庆港 | 到 达 口 岸 | 多伦多 | 生产单位注册号 | |
| 集装箱规格、数量及号码 | | | | | |

| | | | |
|---|---|---|---|
| 合同、信用证订立的检验检疫条款或特殊要求 | 标记及号码 | 随附单据(划“√”或补填) | |
| | WOMEN' S T-SHIRT<br>CANADA<br>C/NO. 1-750<br>MADE IN CHINA | □合同<br>□信用证<br>□发票<br>□换证凭单<br>□装箱单<br>□厂检单 | □包装性能结果单<br>□许可/审批文件<br>□______<br>□______<br>□______<br>□______ |

| | | | |
|---|---|---|---|
| 需要证单名称(划“√”或补填) | | ＊检验检疫费 | |
| □品质证书 0 正 0 副<br>□重量证书 0 正 0 副<br>□数量证书 0 正 0 副<br>□兽医卫生证书 0 正 0 副<br>□健康证书 0 正 0 副<br>□卫生证书 0 正 0 副<br>□动物卫生证书 0 正 0 副 | □植物检疫证书 0 正 0 副<br>□熏蒸/消毒证书 0 正 0 副<br>□出境货物换证凭单 0 正 0 副<br>□通关单<br>□______<br>□______ | 总金额<br>(人民币元) | 0 |
| | | | |
| | | 收费人 | |

续表

<table>
<tr><td rowspan="3">报检人郑重声明：<br>1. 本人被授权报检。<br>2. 上列填写内容正确属实，货物无伪造或冒用他人的厂名、标志、认证标志，并承担货物质量责任。<br><br>签名：陈腾飞</td><td colspan="2">领取证单</td></tr>
<tr><td>日期</td><td></td></tr>
<tr><td>签名</td><td></td></tr>
</table>

注：有“*”号栏由出入境检验检疫机关填　　◆国家出入境检验检疫局制

填写说明：

（1）“出境货物报检单”是国家检验检疫部门根据检验检疫、鉴定工作的需要，为保证检验检疫工作规范化和程序化而设制的。它是报检人根据有关法律、行政法规或合同约定申请检验检疫机构对其某种货物实施检验检疫、鉴定意愿的书面凭证，它表明了申请人正式向检验检疫机构申请检验检疫、鉴定，以取得该批货物合法出口的合法凭证。报检单同时也是检验检疫机构对出入境货物实施检验检疫启动检验检疫程序的依据。

（2）“报检单位（加盖公章）、登记号、联系人、电话”填写报检单位全称并加盖公章或报验专用章（或附单位介绍信），并准确填写本单位报检登记代码、联系人及电话；代理报检的应加盖代理报检机构在检验机构备案的印章。其中报检单位登记号即单位的海关代码，可在公司基本资料中查找。

（3）“H. S. 编码”海关编码，按《商品分类及编码协调制度》8 位数字填写，如皮革服装的 H. S. 编码 42031000。

（4）“数/重量”，按实际申请检验检疫数/重量填写，并注明计量单位，如：××PC。注意该数量和计量单位既要与实际装运货物情况一致，又要与信用证要求一致。

（5）“货物存放地点”，报验商品存放的地点，也是商检机构施检或抽取样品的地点。

（6）“到达口岸”，出口货物运往境外的最终目的港。最终目的港不得预知的，可按尽可能预知的目的港填报，须与合同规定一致。

（7）“合同、信用证订立的检验检疫条款或特殊要求”，填写对商检机构出具检验证书的要求，即检验检疫条款的内容。检验机构制作证书的检验结果内容时会参考此栏的内容。

（8）“标记及号码”，填写实际货物运输包装上的标记，与合同相一致。

中性包装或裸装、散装商品应填“N/M”，并注明“裸装”或“散装”。

（9）“随附单据”，出口商品在报验时，一般应提供外贸合同（或售货确认书及函电）、信用证原本的复印件或副本，必要时提供原本，还有发票及装箱单。合同如果有补充协议的，要提供补充的协议书；合同、信用证有更改，要提供合同、信用证的修改书或更改的函电。对订有长期贸易合同而采取记账方式结算的，外贸进出口公司每年一次将合同副本送交商检机构。申请检验时，只在申请单上填明合同号即可，不必每批附交合同副本。凡属于危险或法定检验范围内的商品，在申请品质、规格、数量、重量、安全、卫生检验时，必须提交商检机构签发的出口商品包装性能检验合格单证，商检机构凭此受理上述各种报验手续。

## 实训八 保险

国际货物运输保险是以对外贸易货物运输过程中的各种货物作为保险标的的保险。外贸货物的运送有海运、陆运、空运以及通过邮政送递等多种途径。国际货物运输保险是国际贸易的重要组成部分，国际货物运输保险不但可以给运输中的货物提供保障，而且还能为国家提供无形贸易的外汇收入。国际货物运输保险主要包括海上货物运输保险、铁路货物运输保险、公路货物运输保险、航空货物运输保险和邮包运输保险等。其中历史最悠久、业务量最大、法律规定最全的是海上货物运输保险。

### 一、海洋运输货物保险条款与险别

#### （一）中国人民保险公司保险条款与险别

（1）基本险

①平安险（F. P. A. —Free From Particular Average）

平安险责任范围：在运输途中自然灾害造成的全部损失；在运输途中意外事故造成的全部或部分损失；运输工具发生搁浅、触礁、沉没、焚毁四种意外事故，在此前后，由于自然灾害造成的部分损失；在装卸或转运过程中一件或数件货物落海造成的全部或部分损失；施救费用；共同海损的牺牲、分摊和救助费用。

②水渍险（W. A. /W. P. A. —With Average/With Particular Average）

W. A. 责任范围：平安险的责任范围+自然灾害的部分损失。

③一切险（All Risks）

All Risks 责任范围：水渍险的责任范围+一般外来风险造成的全部/部分损失。

除外责任（Exclusion）：被保险人的故意或过失所造成的损失；属于发货人责任所引起的损失；在保险责任开始前，被保险货物已存在的品质不良或数量短差所造成的损失；被保险货物的自然损耗、本质缺陷、特性以及市价跌落、运输延迟所引起的损失或费用；属于海运战争险和罢工险规定的责任范围和除外责任。

（2）附加险

①一般附加险（General Additional Risk）

承保一般外来风险所造成的全部/部分损失；CIC 条款的一般附加险共 11 种。

②特殊附加险（Special Additional Risk）

承保特殊外来风险造成的全部/部分损失；共有 8 种，下面主要介绍战争险和罢工险。

战争险（War Risks），承保直接由于战争、类似战争行为和敌对行为、武装冲突或海盗行为等所致的损失。战争险责任起讫——以水上危险为限；保险责任最长至海轮到达目的港当天午夜起 15 天为止。

罢工险（Strike Risks），承保被保险货物由于罢工者、被迫停工工人或参加工潮、暴动和民众人员采取行动而造成的直接损失；通常与战争险同时承保，保了战争险，再保罢工险，保险公司不再另行收费；如只保罢工险，不保战争险，按战争险的费率计收。

### （二）伦敦保险业协会保险条款与险别

（1）ICC（A）（Institute Cargo Clause A）——采用“一切险减除外责任”

协会货物 A 险条款除外责任：一般除外责任；不适航、不适货除外责任；战争除外责任；罢工除外责任。

（2）ICC（B）（Institute Cargo Clause B）——采用“列明风险”

协会货物 B 险条款除外责任：被保险人以外的其他人（如船长、船员等）故意破坏行为所造成的损失和费用（即恶意损害险的承保责任）；海盗行为；其余与 A 险除外责任相同。

（3）ICC（C）（Institute Cargo Clause C）——采用“列明风险”

C 险与 B 险的主要区别：地震、火山爆发和雷电；浪击落海；海水、湖水或河水进入船舶、驳船、运输工具、集装箱、大型海运箱或贮存处所；装卸时整件货物的落海或跌落造成的全损。C 险的除外责任与 B 险完全相同。

（4）ICC 主要附加险

Institute War Clause—Cargo：协会战争险条款——货物。

Institute Strikes Clause—Cargo：协会罢工险条款——货物。

Malicious Damage Clause：恶意损害险条款。

## 二、陆空邮运输货物保险

### （一）陆上运输货物保险条款与险别

（1）基本险别

①陆运险——相当于海运的 W. P. A.。

②陆运一切险——相当于海运的 All Risks。

（2）保险责任起讫——仓至仓条款，最长期限为被保险货物运抵最后卸载的车站满 60 天。

（3）陆运战争险，仅限于铁路运输；责任起讫以货物置于运输工具为限。

### （二）航空运输货物保险条款与险别

（1）基本险别

①航空运输险——相当于海运的 W. P. A.。

②航空运输一切险——相当于海运的 All Risks。

（2）保险责任起讫——仓至仓条款，最长期限为被保险货物在最后卸载地卸离飞机后满 30 天。

（3）空运战争险，责任起讫以货物置于运输工具为限。

### （三）邮包运输货物保险条款与险别

（1）基本险别

①邮包险——相当于海运的 W. P. A.。

②邮包一切险——相当于海运的 All Risks。

（2）保险责任自邮包离开保险单上所载明的起运地寄件人的处所运往邮

局开始生效，一直到邮包所载的目的地送交收货人为止。最长期限不超过目的地邮局给收货人发到货通知之日起15天。

## 三、保险程序

（1）投保人的保险利益。投保人对保险标的应当具有保险利益。投保人对保险标的不具有保险利益的，保险合同无效。在海上保险中，不要求被保险人在投保时具有保险利益，而仅要求在保险标的发生损失时必须具有保险利益。

（2）确定保险险别与保险金额。

（3）办理投保手续。

（4）交付保险费。

（5）领取保险单据。

①保险单（Insurance Policy）。

②保险凭证（Insurance Certificate）。

③联合凭证（Combined Certificate）。

④预约保单（Open Policy）。

（6）货损索赔。

采用FOB、CFR、CIF术语成交，由买方向保险公司索赔。

免赔率（Franchise）——货物损失在若干百分比之内，保险公司不予赔偿，分为相对免赔率和绝对免赔率。

## 四、作用

国际货物运输保险已经成为国际贸易的必要组成部分。货物从卖方送到买方手中，要通过运输来完成，在这一过程中如遭遇意外损失，则由保险人进行经济补偿，以保证贸易的正常进行。各种对外贸易价格条件，都需明确保险和运输由谁办理。保险之所以成为国际贸易所必需，是因为它将运输过程中不可预料的意外损失，以保险费的形式固定下来，计入货物成本，可以保证企业的经济核算和经营的稳定，避免由意外损失引起买卖双方和有关利益方面之间的经济纠纷；可以使保险公司从自己经营成果考虑，注意对承保货物的防损工作，有利于减少社会财富损失；进出口贸易的货物在本国保险，还可以增加国家无形贸易的外汇收入。

## 【任务(11)】

1. 点“进口商”建筑，点“添加单据”，添加“货物运输保险投保单”（表 2-8）填写、保存、检查；

2. 回到“业务中心”，点“保险公司”的建筑物，点“办理保险”（提交单据：商业发票、货物运输保险投保单），办理完成后保险公司签发保险单，点“财务资料”看到保险费已扣除。

**表 2-8 货物运输保险投保单**

<u>货物运输保险投保单</u>

投保人：腾飞贸易股份有限公司　　　　投保日期：2015-04-08

<table>
<tr><td>发票号码</td><td colspan="2">STINV000002</td><td>投保条款和险别</td></tr>
<tr><td rowspan="2">被保险人</td><td colspan="2">客户抬头<br>腾飞贸易股份有限公司</td><td rowspan="11">(　) PICC CLAUSE<br>(√) ICC CLAUSE<br>(　) ALL RISKS<br>(　) W. P. A. /W. A.<br>(　) F. P. A<br>(√) WAR RISKS<br>(　) S. R. C. C<br>(　) STRIKE<br>(√) ICC CLAUSE A<br>(　) ICC CLAUSE B<br>(　) ICC CLAUSE C<br>(　) AIR TPT ALL RISKS<br>(　) AIR TPT RISKS<br>(　) O/L TPT ALL RISKS<br>(　) O/L TPT RISKS<br>(　) TRANSHIPMENT RISKS<br>(　) W TO W<br>(　) T. P. N. D.<br>(　) F. R. E. C<br>(　) R. F. W. D.<br>(　) RISKS OF BREAKAGE<br>(　) I. O. P.</td></tr>
<tr><td colspan="2">过户<br>Carters Trading Company</td></tr>
<tr><td>保险金额</td><td colspan="2">[ USD ] [ 495000 ]</td></tr>
<tr><td>启运港</td><td colspan="2">Chongqing</td></tr>
<tr><td>目的港</td><td colspan="2">Toronto</td></tr>
<tr><td>转内陆</td><td colspan="2"></td></tr>
<tr><td>开航日期</td><td colspan="2">2015-05-15</td></tr>
<tr><td>船名航次</td><td colspan="2">Ryndam/DY100-08</td></tr>
<tr><td>赔款地点</td><td colspan="2">Canada</td></tr>
<tr><td>赔付币别</td><td colspan="2">USD</td></tr>
<tr><td>保单份数</td><td colspan="2">3</td></tr>
<tr><td>其他特别条款</td><td colspan="3"></td></tr>
<tr><td colspan="4">以下由保险公司填写</td></tr>
<tr><td>保单号码</td><td></td><td>签单日期</td><td></td></tr>
</table>

## 实训九　报关

出口报关是出口货物收发货人、出境运输工具负责人、出境物品所有人或者他们的代理人向海关办理货物、物品或运输工具出境手续及相关海关事务的过程，包括向海关申报、交验单据证件，并接受海关的监管和检查等。出口报关是履行海关出境手续的必要环节之一。

货物在装运前，必须向海关申报，即办理报关手续；出口货物在装货前48小时以前申报；填写“出口货物报关单”，连同有关单证（发票、装箱单、商检证书、出口许可证等）；企业可自行报关或委托运输机构代报关；海关查验货、证无误后，给予放行（通常在装货单上盖章）；船方凭海关盖章放行的装货单装运货物。

出口报关流程如下：

（1）出口报关企业应具备在当地海关、检验检疫局注册备案，有进出口经营权和报检资格。

（2）出口报关所需单证。

①客户就在货物运抵海关监管区后，装货的24小时之前，备齐海关所需单证向海关申报。

②清单、发票、合同、报关委托书、船公司装货单等必备单证件各一份。

③按海关税则所规定的各项证件（如通关单、出口许可证等）。

④有出口手册需提供手册报关。

（3）其他所需单证。

①客户应在报关之日前3天备齐所需单证，向检验检疫局申报。提供单证有清单发票、合同、报检委托书、厂检单、纸箱包装单等证件各1份。

②出口货物到美国、澳大利亚、加拿大、欧盟等外包装为木制的需做熏蒸或热处理的，客户所提供的单证有清单、发票、合同、报检委托书。如熏蒸产品是木制品，还需提供厂检单。

③做熏蒸或热处理的产品，客户应在报关前两天，将货物运抵到指定的堆场或港区进行熏蒸（熏蒸时间需24小时）。

（4）出口报关正式向海关申报。如出口需缴纳税费的，应及时缴纳税费。

（5）海关现场审单结束。货物单证放行后，货主应在海关规定的时间内将货物运至海关监管区内进行验放。如需查验，报关行应及时与海关联系，进行货物查验，验完后需按船公司封指定铅封。不需查验的应及时进行实货放行，将装货单按截关时间送到港区装船。

（6）待货物出口，船公司就将出口舱单数据传送海关，海关接收到数据后报关行待海关数据结关后，及时到海关打印退税核销联。

（7）出口通关结束。客户需及时到我司缴纳报关报检代垫代办费。

**【任务(12)】**

1. 送货报关。报关前应办理核销备案，点“外管局”的建筑物，点“申领核销单”，点进口商的建筑物，点“查看单据列表”，填写“出口收汇核销单”（图 2-1）保存、检查。

2. 点“添加单据”，选择“出口货物报关单”（表 2-9）确定、填写、保存、检查；回到“业务中心”，点“海关”的建筑物，选择“备案”，然后选择“送货”，再选择“报关”（提交单据：商业发票、装箱单、出境货物通关单、出口收汇核销单、出口货物报关单），点“报关”，系统会自动装船出运。

3. 点“财务资料”查看报关费、运费已扣除。

**出口收汇核销单**
存根

（苏）编号：STECA000002

| |
|---|
| 出口单位：腾飞贸易股份有限公司 |
| 单位代码：0000003-8 |
| 出口币种总价：[USD][450000 ] |
| 收汇方式：L/C |
| 预计收款日期：2015-06-30 |
| 报关日期：2015-04-08 |
| 备注： |
| 此单报关有效期截至到 |

（出口单位盖章）

**出口收汇核销单**

STECA000002　（苏）编号：STECA000002

| | | | | |
|---|---|---|---|---|
| 出口单位：腾飞贸易股份有限公司 | | | | |
| 单位代码：0000003-8 | | | | |
| 银行签注栏 | 类别 | 币种金额 | 日期 | 盖章 |
| | | [ ][ ] | | |
| 海关签注栏： | | | | |
| 外管局签注栏：<br>年　月　日（盖章） | | | | |

（出口单位盖章）（海关盖章）

**出口收汇核销单**
出口退税专用

（苏）编号：STECA000002

| | | | |
|---|---|---|---|
| 出口单位：腾飞贸易股份有限公司 | | | |
| 单位代码：0000003-8 | | | |
| 选择 | 货物名称 | 数量 | 币种总价 |
| ⊙ | 服装 | 15000PC | [USD][450000] |
| 报关单编号： | | | |
| 外管局签注栏：<br>年　月　日（盖章） | | | |

图 2-1　出口收汇核销单

填写说明：

（1）存根

①编号。应与出口报关单的编号一致。

②出口单位。该栏填写对外签订合同或执行出口贸易合同的有出口经营

权的外贸公司或企业名称的全称。委托报关时，应填写委托单位名称；委托出口，以代理出口单位名义签订出口合同并负责收汇时，应填写代理单位名称，两个或两个以上出口单位联合出口时，应填写负责办理报关手续的出口单位的名称。

③单位代码。填写领取核销单的单位在外汇管理局备案的号码。

④出口币种总价。此栏填写出口成交货物总价及使用币种。一般情况下，须与报关单一致。溢短装出口时，可以不一致，但须提供该笔出口的货运提单副本。提单上有实际出口的数量和重量，根据发票或报关单上的单价与提单上的重量或数量相乘，即可得出实际出口的总金额。

⑤收汇方式。填写信用证、托收、汇付。该栏必须严格按合同内容填写，每种收汇方式应列明即期或远期及远期天数。若为分期付款方式，则应列明每项付款日期的金额。

⑥预计收款日期。根据合同规定的财务付款日期或根据合同推算的收款日期填写：a. 即期信用证和即期托收项下的货款，从寄单之日起，近洋地区（香港和澳门）20 天内，远洋地区（香港和澳门以外的地区）30 天内结汇或收账。如：2015 年 6 月 1 日寄单，预计收款日期即应填写 2015 年 6 月 21 日。b. 远期信用证和远期托收项下货款，从汇票规定的付款日起，港澳地区 30 天内，远洋地区 40 天内结汇或收账。如港澳地区，预计收款日期为寄单日期加上邮程日期加上汇票规定的远期天数加上 30 天。如：寄单日期为 2015 年 6 月 1 日，汇票为远期 180 天，则预计收款日期应为 2015 年 6 月 1 日+10 天+180 天+30 天，则为 2016 年 1 月 8 日。

⑦报关日期。同出口报关单右上角的出单日期。

⑧备注。填写出口单位就该核销单项下需说明的事项。如：成都甲进出口公司代成都乙进出口公司出口，收汇后，原币划转成都进出口公司，则该事项连同该受托公司的联系地址和电话应批注在备注栏内并加盖批注单位的公章。

⑨ 有效期。自领单日起 4 个月。此栏由外汇管理局填。

（2）正联

①出口单位。同存根。

②单位代码。同存根。

③银行签审。（类别、币种金额、日期、公章）填写收汇方式、币种总

价、收结汇日期银行盖章。

④海关签注栏。海关验放该核销单项下的出口货物后，在该栏目内加盖“放行”或“验讫”章，并填写放行日期。如遇退关，海关需在该栏目加盖有关更正章。

⑤外汇管理局签注栏。由外汇管理部门将核销单、报关单、发票等配对审核无误后，在该栏内签注意见，并由核销人员签字，加盖“已核销”章。

（3）出口退税联

①编号。同存根。

②出口单位。同存根。

③单位代码。同存根。

④货物名称。同报关单。

⑤出口数量。同报关单。

⑥币种总价。同存根。

⑦报关单编号。按报关单左上角号码填写。

⑧外汇局签注栏。同正联。

**表 2-9　出口货物报关单**

**中华人民共和国海关出口货物报关单**

预录入编号：　　　　　　　　　　海关编号：

| | | | | |
|---|---|---|---|---|
| 出口口岸<br>成都海关 | 备案号 | 出口日期<br>2015-04-08 | 申报日期<br>2015-04-08 | |
| 经营单位<br>腾飞贸易股份有限公司<br>0000000003 | 运输方式<br>江海运输 | 运输工具名称<br>Ryndam/DY100-08 | 提运单号 | |
| 发货单位<br>腾飞贸易股份有限公司<br>0000000003 | 贸易方式<br>一般贸易 | 征税性质<br>一般征税 | 结汇方式<br>L/C | |
| 许可证号 | 运抵国（地区）<br>加拿大 | 指运港<br>多伦多 | 境内货源地 | |
| 批准文号 | 成交方式<br>CIF | 运费<br>［USD　］［9602］ | 保费<br>［USD］［4356］ | 杂费<br>［　　］［　　］ |
| 合同协议号<br>Contract001 | 件数<br>750 | 包装种类<br>CARTON | 毛重（公斤）<br>9750 | 净重（公斤）<br>8250 |
| 集装箱号 | 随附单据<br>出境货物通关单 | 生产厂家 | | |

续表

<table>
<tr><td colspan="10">标记唛码及备注<br>WOMEN´S T-SHIRT<br>CANADA<br>C/NO. 1-750<br>MADE IN CHINA</td></tr>
<tr><td>选择</td><td>项号</td><td>商品编号</td><td>商品名称、规格型号</td><td>数量及单位</td><td>最终目的国（地区）</td><td>单价</td><td>总价</td><td>币制</td><td>征免</td></tr>
<tr><td>⊙</td><td>1</td><td>61091 00022</td><td>女式T恤衫<br>每箱20件<br>颜色：黑色<br>面料成分：全棉</td><td>15000 PC</td><td>加拿大</td><td>30</td><td>450000</td><td>USD</td><td>照章征免</td></tr>
<tr><td colspan="10"></td></tr>
<tr><td colspan="10">税收征收情况</td></tr>
<tr><td colspan="3">录入员 录入单位</td><td colspan="3" rowspan="2">兹声明以上申报无讹并承担法律责任<br><br>申报单位（签章）</td><td colspan="4">海关审单批注及放行日期（签章）<br><br>审单　　审价</td></tr>
<tr><td colspan="3">报关员 陈腾飞</td><td colspan="4">征税　　统计</td></tr>
<tr><td colspan="6">单位地址 成都市人民南路天府大厦1010室<br><br>邮编 610041 电话 86-28-88886666<br>填制日期 2015-04-08</td><td colspan="4">查验　　放行</td></tr>
</table>

填报说明：

一切出口货物的收货人或发货人，或者他们委托的代理人（以下统称“报关人”），都必须在货物进、出口的时候填写《出口货物报关单》向海关申报，同时提供批准货物出口的证件和有关的货运、商业单据，以便海关依据这些单据证件，审查货物的出口是否合法，确定关税的征收或减免事宜，编制海关统计。

出口货物报关单填写份数主要是根据报关作业及海关监管的需要。一般来说，以一般贸易方式出口报关，需填写一式四份报关单；以进料加工贸易方式出口，需填写一式五份报关单；以来料加工贸易方式出口，需填写一式六份报关单。另外，以转关、转口方式需海关监管的货物还需增加一份报关单。

《出口货物报关单》应当在出口货物装货前24小时前向海关填报。如果在递交了出口货物报关单后发生退关事件，申报人应当在3天内向海关办理更改手续。

下面逐项介绍如何填写《出口货物报关单》：

（1）出口口岸。填写海关放行货物出境的我国国境口岸名称。

（2）经营单位。填写对外签订或执行出口贸易合同（协议）的中国境内企业或单位的名称。

（3）指运港（站）。填写本批货物预定最后运达港口、机场或车站。

（4）合同（协议号）。填写本批货物合同协议的详细年份、字头和编号及附件号码。

（5）贸易方式。分别填写“一般贸易”、“国家间、联合国及国际组织无偿援助物资和赠送品”、“华侨、港澳同胞及外籍华人捐赠品”、“补偿贸易”、“来料加工装配贸易”（对口合同除外）、“对口合同的来料加工装配贸易”、“进料加工贸易”、“寄售、供销贸易”、“边境地方贸易及边境地区小额贸易”或“其他”。不能简略填报为“援助”、“赠送”或“加工装配”等。

（6）贸易国（地区），即货物的售予国（地区）。填写同中国境内的企业和单位签订合同（协议）或成交厂商所在地的国家（地区）。

（7）消费国（地区）。填写出口货物实际消费的国家（地区）。如果不能确定消费国的，以尽可能预知的最后运往地作为消费国。如果一张报关单的货物有不同的消费国，应当分别注明。

（8）收货单位。填写国外最后收货的企业的名称和所在地。

（9）运输工具名称及号码。江海运输填船名，陆运填车号，空运、邮运只填“空运”或“邮运”字样。

（10）装货单或运单号。海运填装货单号，陆运填运单号，邮运填报税清单（包裹单）号。

（11）收结汇方式。填写电汇、信汇、L/C或D/P等结汇方式。

（12）起运地点。填写出口货物的起运点和出口货物发货单位所在地区。例如：货物从四川成都起运到重庆港装船出口，起运地点应为四川省。但是经济特区、海南行政区，经济技术开发区、经济开放区的企业对外成交及发运的出口货物，不论货物原发运单位是何处，均以有关经济特区、海南行政区、经济技术开发区、经济开放区为起运地点。至于其他省、自治区、直辖市的企业或单位对外成交发运的出口货物，如果经过或者去经济特区、海南行政区、经济技术开发区、经济开放区暂存待运出口的，则以原省、自治区、直辖市为出口货物的起运地。

（13）海关统计商品编号。按照《中华人民共和国海关统计商品目录》的规定填写。

（14）货名规格及货号。应填写货物的中外文名称和详细规格（不要填写地方土语）。例如：出口钢材要填明钢号，统织物应填写纺织原料所占的比重等。货号填公司编制的商品代号。

（15）标记唛码。填写货物的实际标记唛码，如有地点名称的，也应该填写。

（16）件数及包装种类。包装种类指袋、箱、捆、包、桶等。一批货物有多种包装的，要分别填报件数。

（17）数量。填写货物的实际数量和数量单位（如台、个、打等）如合同规定的数量单位同海关统计商品目录规定的计量单位不同，或者统计商品规定有第二数量单位的（如发电机除台数外，还需填千瓦数；内燃机除台数外，还需填马力），都要按照海关统计商品目录规定的数量单位填写。整套机械分批出口时，应在本栏注明“分批装运”字样。

（18）重量。“毛重”填写本批货物全部重量；“净重”填写扣除外层包装后的自然净重。合同发票等单据上没有净重时，可以按照商品习惯填写公量重、净重等，也可以将毛重扣除估计外层重量后填报。对于不同品种的货物，应当分别填明净重。

（19）成交价格。填写合同规定的成交单价、总价格条件（如 CIF、FOB 等），并注明外币名称。如果价格条件为 CIF 或包括佣金、折扣时，在计算成交总价时应分别扣除运费、保险费和佣金、折扣等费用，并填明 FOB 成交总价。

（20）离岸价格。应按照国家外汇管理部门核定的各种货币对美元内部统一折算率，将第十九项的 FOB 成交总价折合为美元填报在外币栏。离岸价格人民币免填。邮运、空运出口货物，采用货物在启运地寄交的离岸价格。美元离岸价格计至元为止，元以下四舍五入。

（21）随附单据。填写单据的名称。

（22）申报单位（盖章）。必须加盖申报单位的公章、报关员的印章并填明申报日期。

（23）海关放行日期。由出口地海关在核放货物后填注日期，并加盖海关放行章。

## 实训十　取回提单、发送装船通知

### 一、交货是卖方的基本义务

（1）交付货物——按合同规定的品质、数量、包装、交货时间和地点交付货物；

（2）移交一切与货物有关的单据；

（3）转移货物所有权。

根据《公约》，卖方不按时交货（迟交货）：如构成根本违反合同，买方可宣告合同无效，并有权要求损害赔偿；如未构成根本违反合同，买方可给予一段合理的额外时限，让其履行交货义务，过了这一时限，可宣告合同无效，并有权要求损害赔偿。

提前交货，按《公约》，买方可以收取货物，也可以拒绝收取货物。

### 二、运输方式

#### （一）海洋运输

（1）班轮运输

班轮（Regular Shipping Liner/Liner），又称定期船。班轮运输的特点：

①四定——定线、定港、定时和相对固定的运费费率；

②一负责——船公司负责货物装和卸；

③承运货物比较灵活。

（2）租船运输

①特点：四不定——没有固定的航线、固定的装卸港口、固定的船期及固定的运价；适用于运输大宗货物。

②租船方式：程租船（Voyage Charter）和期租船（Time Charter）。

③租船合同

装卸费用的负担：

班轮条件（Gross Terms，Liner Terms，Berth Terms）；

船方管装不管卸（F. O. —free out）；

船方管卸不管装（F. I. —free in）；

船方不管装和卸（F. I. O. —free in and out）；

船方不管装卸、理舱和平舱（F. I. O. S. T. —Free in and out ，Stowed and Trimmed）。

### （二）集装箱运输、国际多式联运与大陆桥运输

①集装箱运输：FCL 和 LCL。

②国际多式联运。按照多式联运合同，以至少两种不同的运输方式，由多式联运经营人将货物从一国境内接管货物的地点运至另一国境内指定交付货物的地点。构成国际多式联运的条件：

有一个多式联运合同（Multi-model Transport Contract）；

使用一份包括全程运输的多式联运单据（MTD－Multi－model Transport Document）；

至少是两种不同运输方式的组合；

是国际货物运输；

由一个多式联运经营人对全程运输总负责（MTO－Multi－model Transport Operator）；

全程单一的运费费率。

③大陆桥运输（Land Bridge Transport）。以集装箱为媒介，以大陆上的铁路或公路运输系统为中间桥梁，把大陆两端的海洋运输连接起来，构成海/陆/海运输。

## 三、装运期（Time of Shipment；Latest Date of Shipment）

运输单据（提单）上的装运日期必须在信用证规定的装运期限内。

如：shipment：during June. 2015

latest date of shipment：not later than June 30，2015

1. 规定具体的期限

（1）在一定期限内装运，如：shipment during May 2015（2015 年 5 月装运）；shipment during May/June 2015（2015 年 5/6 月装运）。

（2）规定最迟装运期限。规定某月底或以前装运，如：shipment at or before the end of May 2015（2015 年 5 月底或以前装运）；规定在某月某日前装运，如 shipment on or before May 31, 2015（在 2015 年 5 月 31 日或以前装运）。

2. 规定收到信用证后若干天内装运

例：shipment within 45 days after receipt of L/C（收到信用证后 45 天内装运）。应同时规定买方开证时间，如：The relevant L/C must reach the seller not later than June 15th , 2015。

## 四、装运港（地）和目的港（地）

1. 装运港/地的规定。订一个，如：Port of shipment：Shanghai（装运港：上海）；订两个或两个以上，如：Port of shipment：Shanghai/Ningbo（装运港：上海/宁波）；笼统订，如：Port of shipment：China ports（中国港口）。

2. 目的港/地的规定。订一个，如：port of destination：New York（目的港：纽约）；订两个或两个以上，如：port of destination：Osaka/Kobe（目的港：大阪/神户）；笼统订，如：European Main Ports（欧洲主要港口）。

选择港（optional ports），在合同中订明两个或三个目的港，并允许货物装运后，由买方在这几个港口中任选一个港口为卸货港，如：USD335.00 per M/T London optional Hamburg/Rotterdam。用于卖路货（cargo afloat）交易。采用选择港应注意的问题：

①一般不超过三个，备选港口必须在同一条航线和同一航次停靠的港口；

②在核定出口价格和计算运费时，应按选择港口中最高的费率和附加费率计算；

③如按一般费率核定价格，应在合同中规定，因选择港增加的运费和附加费由买方负担。

## 五、分批装运与转运

除非信用证另有规定，如信用证规定在指定时期内分批装运，而任何一期未按规定装运，则信用证对该期及以后各期均告失效。

### （一）分批装运（partial shipment）

①国际上对分批装运的不同规定，如 shipment during May/June，2015。

②分批装运的规定方法：

笼统订，如：Shipment during May/June 2015，allowing partial shipment（with partial shipment allowed）；

限批，如：Shipment during May/June 2015 in two lots；

限批、限量，如：Shipment during May/June 2015 in two equal lots（shipments）；

限批、限月，如：Shipment during May/June 2015 in two monthly lots（shipments）；

限批、限量和限月，如：Shipment during May/June 2015 in two equal monthly lots（shipments）。

根据《UCP 600》规定，在不同时间、不同口岸，将同一合同项下货物装上同一航次、同一运输工具上，并去同一目的地的，即使运输单据上注明不同装运期、不同装运港，也不能算是分批装运。

### （二）转运（Transshipment）

转运——货物从装运港或起运地到卸货港或目的地的运输过程中，从一种运输工具上转换成另一种相同类型的运输工具，或由一种运输工具再换装至另一种不同类型的运输工具。

一些国家法律或惯例认为，除非合同规定允许转运，否则意味着不允许转运；《UCP600》规定，除非信用证另有规定，否则意味着允许转运。

## 六、海运班轮提单（Bill of Lading，B/L）

（1）承运人收到货物后所签发的收据（Receipt of goods shipped /on board the vessel）；

（2）货物所有权的凭证（Documents of Title），即提单是物权凭证；

（3）承运人与托运人之间的运输契约的证明（Evidence of the Contract of

Carriage)。

## 七、装船通知(Shipping Advice)

装船通知也叫装运通知，主要指的是出口商在货物装船后发给进口方的包括货物详细装运情况的通知，其目的在于让进口商做好筹措资金、付款和接货的准备。

如成交条件为 FOB/FCA、CFR/CPT 等还需要向进口国保险公司发出该通知以便其为进口商办理货物保险手续，出口装船通知应按合同或信用证规定的时间发出，该通知副本（Copy of Telex/Fax）常作为向银行交单议付的单据之一；在进口方派船接货的交易条件下，进口商为了使船、货衔接得当也会向出口方发出有关通知；通知以英文制作，无统一格式，内容一定要符合信用证的规定，一般只提供1份。

**注意事项：**

①CFR/CPT 交易条件下拍发装运通知的必要性。因货物运输和保险分别由不同的当事人操作，所以受益人有义务向申请人对货物装运情况给予及时、充分的通知，以便进口商保险，否则如漏发通知，则货物装上船以后的风险仍由受益人承担。

②通知应按规定的方式、时间、内容、份数发出。

③几个近似概念的区别。Shipping Advice（装运通知）是由出口商（受益人）发给进口商（申请人）的；Shipping Instructions 意思是“装运须知”，一般是进口商发给出口商的；Shipping Note/ Bill 指装货通知单/船货清单；Shipping Order 简称 S/O，含义是装货单/关单，是海关放行和命令船方将单据上载明的货物装船的文件。

【任务(13)】

1. 到船公司取回提单，在“业务中心”点“船公司”建筑物，点“取回提单”，接下来出口商应发送“装船通知”给进口商；

2. 点进口商建筑物，选中“装船通知（SHIPPING ADVICE）”（表 2-10）确定、填写、保存、检查；

3. 在“业务中心”，点“船公司”，点“发送装船通知”。

## 表 2-10　装船通知（SHIPPING ADVICE）

### SHIPPING ADVICE

**Messrs.** Invoice No. STINV000002

Carters Trading Company

P. O. Box8888, New Terminal, Lata. Vista, Ottawa, Canada　　Date：　2015-04-08

**Particulars**

1. L/C No. STLCN000002
2. Purchase order No. Contract001
3. Vessel：Ryndam/DY100-08
4. Port of Loading：Chongqing
5. Port of Discharge：Toronto
6. On Board Date：2015-05-15
7. Estimated Time of Arrival：2015-06-10
8. Container：40' ×2
9. Freight：[ USD ] [ 9602 ]
10. Description of Goods：

WOMEN'S T-SHIRT

20PCS PER CARTON, COLOR：BLACK, FABRIC CONTENT：100% COTTON

11. Quantity：[ 15000 ] [ PC ]
12. Invoice Total Amount：[ USD ] [ 450000 ]

**Documents enclosed**

1. Commercial Invoice：6
2. Packing List：3
3. Bill of Lading：1（Duplicate）
4. Insurance Policy：1（Duplicate）2 Copies

Very truly yours,

TENGFEI TRADING CORP.

***Tengfei Chen***

Manager of Foreign Trade Dept.

填写说明：

装运通知（Shipping Advice），又称 Declaration of Shipment 或 Notice of Shipment，系出口商向进口商发出货物已于某月某日或将于某月某日装运某船的通知。装运通知的作用在方便买方购买保险或准备提货手续，其内容通常包括货名、装运数量、船名、装船日期、契约或信用证号码等，这项通知大多以电报方式，也有用航邮方式的。装运通知的作用在方便买方保险、准备提货手续或转售；出口商作此项通知时，有时还附上或另行寄上货运单据副本，以便进口商明了装货内容，并可于运单据正本迟到时及时办理担保提货（Delivery against Letter of Guarantee）。

（1）“Messrs” 填列进口商名称及地址。

（2）“Invoice No.” 填写此笔交易对应的商业发票号码。

（3）“Date” 填写装船通知开发日期。

（4）“L/C No.” 填写此笔交易对应的信用证号码。

（5）“Purchase order No.” 填写此笔交易对应的销货合同号码。

（6）“Vessel” 填入装运船名与航次，请参考“配舱通知”，须与 B/L、Invoice、其他单据相同。如：“SALLY OCEAN V-6”。

（7）“Port of Loading” 起运港，须与 B/L 一致。

（8）“Port of Discharge” 目的地，须与 B/L 一致，如：Yokohama。

（9）“On Board Date” 写明装船日期，请参考“配舱回单”。

（10）“Estimated Time of Arrival” 写明预定抵埠日期。

（11）“Container” 写明集装箱个数及种类，请参考“配舱通知”。

（12）“Freight” 写明海运费总金额，请参考“配舱通知”。

（13）“Description of Goods” 指所装运的货品内容，按实际情况填写。

（14）“Quantity” 货物数量，须与商业发票所记载者相同。

（15）“Invoice Total Amount” 货物总价，须与商业发票所记载者相同，如：USD6，950.00。Documents enclosed 装船通知的作用在于方便买方购买保险或准备提货手续，出口商作此项通知时，有时还附上或另行寄上货运单据（押汇单证）之副本，便进口商明了装货内容，并可于货运单据正本迟到或遗失时，及时办理担保提货。

（16）“Commercial Invoice” 写明所需商业发票份数，如：1（Duplicate）2Copies。

（17）“Packing List” 写明所需包装单份数。

（18）“Bill of Lading” 写明所需提单份数。

（19）“Insurance Policy” 写明所需保险单份数。

（20）“下方空白栏” 如还有其他单据随附，请填于下方空白栏。

（21）“右下方空白栏” 填写出口商公司名称。

（22）“Manager of Foreign Trade Dept.” 负责人签字，与商业发票相同，

应由出口商签署。

## 实训十一 押汇

### 一、结汇的做法

目前，我国的银行采取的出口结汇方式有三种：

1. 收妥结汇

收妥结汇又称“先收后付”，是指议付行收到出口公司的出口单据后，经审查无误，将单据寄交国外付款行索取货款，待收到付款行将货款拨入议付行账户通知书时，即按当时外汇牌价，折成人民币拨给出口公司。目前，我国银行一般采用收妥结汇方式，尤其是对可以电报索汇的信用证业务，因为在电汇索汇时，收汇较快，一般都短于规定的押汇时间。

2. 定期结汇

定期结汇是指议付行根据向国外付款行索偿所需时间，预先确定一个固定的结汇期限（7 到 14 天不等），到期后主动将票款金额折成人民币拨交出口企业。

3. 出口押汇

出口押汇也称“买单结汇”或“议付”，是指议付行在审单无误的情况下，按信用证条款买入受益人（出口公司）的汇票和单据，从票面金额中扣除从议付日到估计收到票款之日的利息，将余款按议付日牌价，折成人民币拨给出口公司。议付行向受益人垫付资金，买入跟单汇票后，即成为汇票持有人，可凭票向付款行索取票款。银行同意做出口押汇，是为了对出口公司提供资金融通，有利于出口公司的资金周转。

出口押汇方式下，出口地银行买入跟单汇票后，面临开证行自身的原因或单据的挑剔而拒付的风险。因此，目前我国银行只对符合以下条件的出口信用证业务作押汇：①开证行资信良好；②单证相符的单据；③可由议付行执行议付、付款或承兑的信用证；④开证行不属于外汇短缺或有严重政治经济危机的国家和地区。

### 二、对结汇单据的要求

目前国际贸易大多采用凭单交货、凭单付款方式。因此，在出口业务中做好制单工作，对及时安全收汇，意义重大。由于各国对外贸易管制的措施不同，各国贸易的惯例不同以及各种商品性能、用途的差异，因此，各国银行开来的信用证内，对单据的要求也不完全一致。在信用证支付方式下，通常要求卖方提供的单据有汇票、发票、提单、保险单、装箱单或重量单、检验检疫证书、产地证等。每种单据都有它特定的用途，其内容、项目及缮制方法也不完全一致。因此，要根据不同的要求分别缮制。

对于结汇单据，要求做到正确、完整、及时、简明、整洁。

## 三、操作指导

在货物出运以后，出口商应根据合同要求，凭整套结汇单据通过银行向进口商收取货款。其具体流程见图2-2。

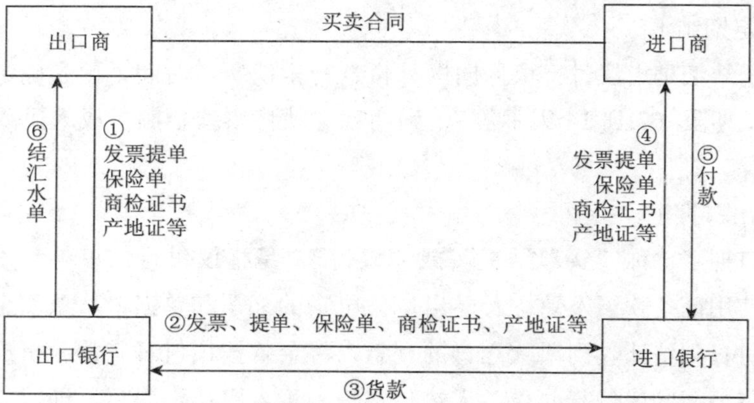


**图2-2　交单结汇流程图**

交单结汇流程：

①出口商将整套出口结汇单据（包括外销发票、海运提单、保险单、商检证书、出口货物原产地证等）发送给出口地银行；

②出口地银行将该整套单据发送给进口地银行；

③进口地银行在单据符合信用证要求的情况下，通过出口地银行向出口商付款（在托收方式下，则有进口商付款后，进口地银行才向出口商付款）；

④进口地银行向进口商发送整套单据，并由进口商向其付款；

⑤进口商向进口地银行付款；

⑥出口地银行收到货款后，向出口商发送结汇水单。

【任务(14)】

1. 出口商登录，点“进口商”建筑物，点“添加单据”，选择“普惠制产地证明书”（表2-11）确定、填写，保存、检查；回到“业务中心”，点“检验机构”申请产地证，点“申请产地证”，选择产地证类型。

2. 回到“业务中心”，点“进口商”建筑物，点“添加单据”，添加“汇票”（见图2-3）并填写、保存、检查；回到“业务中心”，点“出口地银行”的建筑物，点“押汇”，选择提交相应的单据（货物运输保险单、海运提单、普惠制产地证明书、汇票），点“押汇”；回到“业务中心”，点“财务资料”，看到信用证议付费已扣除。

3. 出口商登录，收到银行已可结汇的通知（邮件）、查看，进入“业务中心”，点“出口地银行”，点“结汇”，银行自动签发“出口收汇核销专用联”。

表2-11 普惠制产地证明书

**ORIGINAL**

| | |
|---|---|
| 1. Goods consigned from (Exporter´s business name, address, country)<br>TENGFEI TRADING CORP.<br>Room1010, Tianfu Mansion, Renmin South road, Chengdu610041, P. R. China | Reference No. STGSP000002<br><br>GENERALIZED SYSTEM OF PREFERENCES<br>CERTIFICATE OF ORIGIN<br>(Combined declaration and certificate)<br><br>FORMA<br>Issued in THE PEOPLE´S REPUBLIC OF CHINA<br>(country) |
| 2. Goods consigned to (Consignee´s name, address, country)<br>Carters Trading Company<br>P. O. Box8888, New Terminal, Lata. Vista, Ottawa, Canada | |
| 3. Means of transport and route (as far as known)<br>From Chengdu to Toronto On May 15, 2015 By Vessel. | 4. For official use |

续表

| Choice | Item number | 6. Marks and numbers of packages | 7. Number and kind of packages;<br>description of goods | 8. Origin criterion (see Notes overleaf) | 9. Gross weight or other quantity | 10. Number and date of invoices |
|---|---|---|---|---|---|---|
| ⊙ | 1 | WOMEN'S<br>T-SHIRT<br>CANADA<br>C/NO. 1-750<br>MADE IN CHINA | 750 CARTONS (SEVEN HUNDRED AND FIFTY CARTONS ONLY) OF WOMEN'S T-SHIRT<br>20PCS PER CARTON,<br>COLOR: BLACK,<br>FABRIC CONTENT:<br>100% COTTON | "P" | 9750KGS | STINV 000002<br>Apr. 07, 2015 |

| | |
|---|---|
| 11. Certification<br>It is hereby certified, on the basis of control carried out, that the declaration by the exporter is correct.<br><br>CHENGDU, Apr. 10, 2015 | 12. Declaration by the exporter<br>The undersigned hereby declares that the above details and statements are correct, that all the goods were<br>produced in CHINA<br>(country)<br>and that they comply with the origin requirements specified for those goods in the Generalized System of Preferences for goods exported to<br>CANADA<br>(importing country)<br><br>CHENGDU, Apr. 10, 2015 |
| Place and date, signature and stamp of certifying authority | Place and date, signature and stamp of authorized signatory |

填写说明：

（1）第一栏填写出口商的名称、地址和国别。此栏是带有强制性的。应填明中国出口单位的名称地址等。不能出现香港、台湾、澳门地区及其他受惠国等名称和地址。

（2）第二栏填写进口商的名称、地址和国别。一般应填写给惠国最终收货人（即提单通知人或信用证上特别声明的收货人），如最终收货人不明确，可填发票抬头人。但不要填中间商的名称。在特殊情况下，欧洲、瑞典的进口商要求此栏留空时，可打上“TO ORDER”。

（3）第三栏填写运输方式及路线。一般应填装货、到货地点（始发港、目的港）及运输方式（如海运、陆运、空运、陆空联运等），如系转运商品应加上转运港（如转运港是香港则“VIA HONGKONG”）。

（4）第四栏填写供官方使用。申请单位不填。

（5）第五栏填写项目号。一般应填“1”。在发货人、运输条件相同的情况下，如同批出口货物有不同品种则可按不同品种、发票号等分别填“1”、“2”、“3”……单项商品，此栏可不填。

（6）第六栏填写唛头及包装号。照实缮制，如果货物无唛头，则应填“无唛头”（即“N/M”）。如果唛头过多此栏缮制不下，可另加附页，打上原证书号，手签并加盖公章；或将附页附在证书背面，由签证机构加盖骑缝章。

（7）第七栏填写包件数量、种类及商品说明。此栏内填上包件种类及数量，并在包件数量的阿拉伯数字后用括号加上大写的英文数字。商品名称应具体填明，不能笼统填“MACHINE”，“METER”，“GARMENT”等。一般情况下，商品的商标、牌名、货号可不填，商品名称等项列完后，应在末行或次行加上表示结束的符号，以防止添加伪造内容。国外信用证有时要求填具合同号、信用证号码等，可加在结束符号下方此栏的空白处。

（8）第八栏填写原产地标准。此栏用字最少，但却是给惠国海关审证的核心项目。对含有进口成分的商品，因情况复杂，国外要求严格，极易弄错而造成退证。具体填法如下：

①完全是中国原产的商品，不论出口至哪个给惠国，均填“P”。

②含有进口成分的商品，出口至欧盟 15 国、瑞士、挪威、波兰和日本的，符合上述有关给惠国的加工标准的，填“W”，并在“W”的下方加注该商品的四位数字级的 H. S 税目号。例如：“W”62. 03。

③含有进口成分的商品，出口至加拿大的，进口成分的价值不超过该商品出厂价的 40%的，填“F”。

④出口至澳大利亚、新西兰的商品，此栏可留空。

⑤出口至俄罗斯、白俄罗斯、哈萨克斯坦、乌克兰、捷克和斯洛伐克的，进口成分的价值不超过商品离岸价 50%的，填“Y”，并在“Y”下方加注该商品进口成分的价值占商品离岸价的百分比。

（9）第九栏填写毛重或其他数量。一般填毛重即可；只有净重的，亦可按其计量单位填，如“只”、“件”、“台”、“匹”、“打”等。

（10）第十栏填写发票号及日期。不得留空。月份一律用英文缩写（如SEP. 22表明日期是9月22日）表示。

（11）第十一栏填写签证当局的证明。由签证机构的签证人员手签并加盖公章，但只签发1份正本。

（12）第十二栏填写出口商的申明。在特殊情况下，出口至欧盟，进口国别不明确时可填“EC”或“EU”。申请单位必须在此栏加盖公司印章，并由经签证机构培训、审核、认可的手签人员手签。公司印章应为中英文对照，盖章时不要覆盖进口国名称和手签人姓名。

**BILL OF EXCHANGE**

No. STDFT000001　　　　Dated 2015-04-08

Exchange for USD450000

At **** Sight of this FIRST of Exchange (Second exchange being unpaid) Pay to the Order of Chengdu Commercial Bank

the sum of U.S.DOLLARS FOUR HUNDRED AND FIFTY THOUSAND ONLY

Drawn under L/C No. STLCN00002　　　　Dated 2015-04-07

Issued by THE CHARTERED BANK

To THE CHARTERED BANK

******************************　　　　TENGFEI TRADING CORP.

(Authorized Signature)

图2-3　汇票

填写说明：

（1）“BILL OF EXCHANGE”（汇票），简称B/E，是出票人签发的，要求受票人在见票时或在指定的日期无条件支付一定金额给其指定的受款人的书面命令。汇票名称一般使用Bill of Exchange、Exchange、Draft。一般已印妥。但英国的票据法没有汇票必须注名称的规定。汇票一般为1式2份，第一联、第二联在法律上无区别。其中一联生效则另一联自动作废。港澳地区一次寄单可只出一联。为防止单据可能在邮寄途中遗失造成的麻烦，一般远洋单据都按两次邮寄。

（2）“No.”（汇票号码），由出票人自行编号填入，一般使用发票号兼作汇票的编号。在国际贸易结算单证中，商业发票是所有单据的核心，以商业发票的号码作为汇票的编号，表明本汇票属第×××号发票项下。实务操作中，银行也接受此栏是空白的汇票。

(3)“Dated”(出票日期)，填写汇票出具的日期。

(4) “Exchange for” (汇票金额)，此处要用数字小写(Amount in Figures)表明。填写小写金额，一般要求汇票金额使用货币缩写和用阿拉伯数字表示金额小写数字。例如：USD1，234.00。大小写金额均应端正的填写在虚线格内，不得涂改，且大小写数量要一致。除非信用证另有规定，汇票金额不得超过信用证金额，而且汇票金额应与发票金额一致，汇票币别必须与信用证规定和发票所使用的币别一致。

(5)“at ____sight”(付款期限)，一般可分为即期付款和远期付款两类。即期付款只需在汇票固定格式栏内打上“at sight”。若已印有“at sight”，可不填。若已印有“at ____ sight”，应在横线上打“____”。远期付款一般有四种：

①见票后××天付款，填上“at ×× days after sight”，即以付款人见票承兑日为起算日，××天后到期付款。

②出票后××天付款，填上“at ×× days after date”，即以汇票出票日为起算日，××天后到期付款，将汇票上印就的“sight”划掉。

③提单日后××天付款，填上“at ×× days after B/L”，即付款人以提单签发日为起算日，××天后到期付款。将汇票上印就的“sight”划掉。

④某指定日期付款，指定×年×月××日为付款日。例如“On 25th Feb. 1998”，汇票上印就的“sight”应划掉。这种汇票称为“定期付款汇票”或“板期汇票”。托收方式的汇票付款期限，如D/P即期者，填：“D/P at sight”；D/P远期者，填：“D/P at ×× days sight”；D/A远期者，填“D/A at ×× days Sight”。

(6)“Pay to the Order of”(受款人)，也称“抬头人”或“抬头”。在信用证方式下通常为出口地银行。汇票的抬头人通常有三种写法：

①指示性抬头(Demonstrative order)。例如：“付××公司或其指定人”(Pay ×× Co., or order; pay to the order of ×× Co.,)。

②限制性抬头(Restrictive order)。例如：“仅付××公司(Pay ×× Co. only)”或“付××公司，不准流通”(Pay ×× Co. Not negotiable)。

③持票人或来票人抬头（Payable to bearer）。例如，“付给来人”（Pay to bearer）。这种抬头的汇票无须持票人背书即可转让。

在我国对外贸易中，指示性抬头使用较多，在信用证业务中要按照信用证规定填写。若来证规定“由中国银行指定”或来证对汇票受款人未规定，此应填上：“pay to the order of Bank of China”（由中国银行指定）；若来证规定“由开证行指定”，此栏应填上“Pay to the order of ×× Bank”（开证行名称）。

（7）“the sum of”（汇票金额），要用文字大写（Amount in words）表明。填大写金额，先填写货币全称，再填写金额的数目文字，句尾加“only”相当于中文的“整”字。例如，UNITED STATES DOLLARS ONE THOUSAND TWO HUNDRED AND THIRTY FOUR ONLY。大小写金额均应端正地填写在虚线格内，不得涂改，且必须与汇票的小写金额一致。除非信用证另有规定，汇票金额不得超过信用证金额，而且汇票金额应与发票金额一致，汇票币别必须与信用证规定和发票所使用的币别一致。

（8）“L/C No.”（信用证号码），填写信用证的准确号码，如非信用证方式则不填。

（9）“Dated”（开证日期），填写信用证的准确开证日期，而非出具汇票的日期，如非信用证方式则不填。

（10）“Issued by”（付款人），信用证方式下通常为进口地开证银行。根据UCP600规定，信用证方式的汇票以开证行或其指定银行为付款人，不应以申请人为汇票的付款人。如果信用证要求以申请人为汇票的付款人，银行将视该汇票为一份附加的单据；而如果信用证未规定付款人的名称，汇票付款人亦应填开证行名称。

在信用证业务中，汇票付款人是按信用证“draw on ××”、“draft on ××”或“drawee”确定。例如：“… available by beneficiary's draft（s）on applicant”条款表明，以开证申请人为付款人；又如：“… available by draft（s）drawn on us”条款表明，以开证行为付款人；再如“drawn on yourselves/you”条款表明以通知行为付款人。信用证未明确付款人名称者，应以开证行为付款人。如非信用证方式，则填进口商名称。

（11）“To”（被出票人），此项为被出票人名称和地址。信用证方式下，此处填写开证行名称。其他方式下填写进口商名称地址。

（12）“Authorized Signature”（右下方空白栏），出票人，即出口商签字，填写公司名称。

## 实训十二　核销与退税

### 一、核销

出口收汇核销是国家外汇管理部门在每笔出口业务结束后，对出口是否安全、及时收取外汇以及其他有关业务情况进行监督管理的业务。

#### （一）核销单据

（1）补偿贸易项下以实物补偿的出口，出口单位必须提供经贸部门的批件，有关补偿贸易合同、有关进口报关单、发票、核销单寄向当地外汇管理部门办理核销手续，外汇管理部门将逐笔登记出口额和补偿出口日期，补偿出口额满和补偿期满后，外汇管理部门将对新增出口按一般贸易逐笔核销收汇。

（2）来料加工、来件装配出口附加工合同和“登记手册”。对于一个合同分批出口并分批收取缴费者，凭原加工合同及所有的核销单和结汇水单（收账通知）向外汇管理部门办理核销。

#### （二）核销程序

（1）有出口收汇货物的单位，应该到当地外汇管理部门申领经过外汇管理部门加盖“监督收汇”章的出口收汇核销单。

（2）货物出口时，将出口收汇核销单与其他所需要的报关单据一起向海关申报；货物放行大约 1 周时间以后，出口人将海关签章后退回的出口收汇核销单、报关单以及其他有关单据取回留存，准备收汇核销时使用。

（3）银行收到外汇货款以后，按照国家有关外汇管理的规定，将外汇货款按照当天的外汇牌价代替国际买入出口人收到的外汇贷款，同时，将相应金额的人民币打入出口人账户，并且以水单的形式通知出口人。

（4）出口人应该在一定时间期限内，凭银行签章的出口收汇核销单、出口报关单、外汇水单等单证到外汇管理部门进行出口收汇核销工作。外汇管理部门通过对报关网络记录、报关单证的检查核对后，认为该笔业务出口、收汇等事宜属实后，便同意出口人的外汇核销，即认定该笔出口业务已经完成。

### （三）办理流程

（1）开户

出口单位初次申领出口收汇核销单（以下简称“核销单”）前应当凭以下材料到外汇局办理登记：

①单位介绍信或申请书；

②营业执照副本原件及复印件（由工商行政管理局盖章）；

③组织机构代码证书原件及复印件；

④海关注册登记证明书复印件；

⑤外经部门批文复印件和资格证书原件及复印件（流通型进出口企业）；

⑥资格证书原件及复印件（自营型进出口企业）。

外汇局对上述材料审核无误后为出口单位办理登记手续。

（2）领单

出口单位在开展出口业务前，凭单位介绍信、出口核销员证（现为开户单位印鉴卡）来外汇局领取核销单。出口单位向外汇局申领核销单时，应当当场在每张核销单的“出口单位”栏内填写单位名称或者加盖单位名称章。核销单正式使用前加盖单位公章。

核销单自领单之日起 2 个月以内报关有效。出口单位应当在失效之日起 1 个月内将未用的核销单退回外汇局注销。出口单位填写的核销单应与出口货物报关单上记载的有关内容一致。

（3）报关

出口单位持在有效期内、加盖出口单位公章的核销单和相关单据办理报关手续。

（4）送交存根

出口单位办理报关后，应当自报关之日起 60 天内，凭核销单及海关出具的贴有防伪标签、加盖海关“验讫章”的出口报关单、外贸发票到外汇局办理送交存根手续。

（5）核销

出口单位应当在收到外汇之日起30天内凭核销单、银行出具的“出口收汇核销专用联”到外汇局办理出口收汇核销。

（6）遗失补办

出口单位遗失核销单后，应当在15天之内向外汇局书面说明情况（加盖公章，法人签字），申请挂失，外汇局核实后，统一登报声明作废。

①对于空白核销单，外汇局予以注销；

②对于已报关的核销单，则凭有关出口凭证办理核销；

③对于要求补办出口退税专用联的，在办理出口核销手续后，出口单位应当凭税务部门签发的与该核销单对应的出口未退税证明，向外汇局书面申请，经批准后，外汇局出具“出口收汇核销单退税联补办证明”。

（7）补办事宜

出口单位遗失报关单的，应当凭外汇局签发的未核销证明，向海关补办。

（8）退赔事宜

若出口项下发生退赔，出口单位应向外汇局提供有关凭证，外汇局按下列情况审核退赔外汇的真实性：

①已出口报关且已办理核销的，外汇局凭以下有效单据进行审核：出口合同；退赔协议及有关证明材料；出口收汇核销单（退税专用联）；外汇局要求的其他材料。

②已交单未办理核销的，外汇局凭外汇指定银行结汇水单（或收账通知）及第一款所列单据进行审核。

③已报关出口未交单的，外汇局凭第一款及以下有效单据进行审核：出口货物报关单；商业发票；汇票副本；外汇指定银行结汇水单（或收账通知）。

④出口货物未报关但已预收全部或部分货款后因故终止执行合同，出口单位需向进口商支付退赔外汇，外汇局凭出口合同正本、终止执行合同证明、外汇指定银行结汇水单（或收账通知）、进口方付款通知进行审核。外汇局审核出口单位所提供的上述凭证无误后，出具“已冲减出口收汇核销证明”。银行凭此证明为出口单位办理退赔外汇的售付。

2012年，国家外汇管理局、海关总署和国家税务总局联合颁布《关于货物贸易外汇管理制度改革的公告》（国家外汇管理局公告2012年第1号），决定自2012年8月1日起在全国范围内实施货物贸易外汇管理制度改革，并相应调整出口报关流程、简化出口退税凭证。

## 二、退税

出口退税是对出口产品退还其在国内生产和流通环节实际缴纳的产品税、增值税、营业税和特别消费税。出口产品退税制度，是一个国家税收的重要组成部分。

出口退税主要是通过退还出口产品的国内已纳税款来平衡国内产品的税收负担，使本国产品以不含税成本进入国际市场，与国外产品在同等条件下进行竞争，从而增强竞争能力，扩大出口创汇。

出口退税登记的一般程序如下：

①有关证件的送验及登记表的领取。企业在取得有关部门批准其经营出口产品业务的文件和工商行政管理部门核发的工商登记证明后，应于30日内办理出口企业退税登记。

②退税登记的申报和受理。企业领到“出口企业退税登记表”后，即按登记表及有关要求填写，加盖企业公章和有关人员印章后，连同出口产品经营权批准文件、工商登记证明等证明资料一起报送税务机关，税务机关经审核无误后，即受理登记。

③填发出口退税登记证。税务机关接到企业的正式申请，经审核无误并按规定的程序批准后，核发给企业“出口退税登记”。

④出口退税登记的变更或注销。当企业经营状况发生变化或某些退税政策发生变动时，应根据实际需要变更或注销退税登记。

**【任务(15)】**

1. 点“进口商”建筑物，点“添加单据”，添加“出口收汇核销单送审登记表”（表2-12）填写、保存、检查；

2. 点“外管局”建筑物，选择相应的单据办理核销（出口收汇核销联、出口收汇核销单送审登记表），点“核销”；

3. 回到“业务中心”，点“国税局”建筑物，点“退税”（选择单据：出口收汇核销单），出口商的工作到此结束。

**表 2-12　出口收汇核销单送审登记表**

## 出口收汇核销单送审登记表

出口单位:腾飞贸易股份有限公司　　　　送审日期:2015 年 04 月 07 日

| 核销单编号 | 发票号码 | 商品大类 | 国别地区 | 贸易方式 | 结算方式 | 报关日期 | 货款 | | | 收汇核销金额 | |
|---|---|---|---|---|---|---|---|---|---|---|---|
| | | | | | | | 币别 | 报关金额 | FOB 金额 | | |
| STECA000002 | STINV000002 | 服装 | Canada | 一般贸易 | L/C | 2015-04-08 | USD | 450000 | 436042 | [USD][450000] | 第一联　外汇局留存 |
| | | | | | | | | | | | |
| | | | | | | | | | | | |
| | | | | | | | | | | | |
| | | | | | | | | | | | |
| | | | | | | | | | | | |
| | | | | | | | | | | | |
| | | | | | | | | | | | |
| | | | | | | | | | | | |
| | | | | | | | | | | | |

出口单位填表人:陈腾飞　　　　外汇局审核人:

填表说明：

（1）出口单位，填出口单位中文名称。

（2）核销单、发票编号，参照单据中心的相应编号填写出口收汇核销单编号与商业发票编号。

（3）商品大类，填写商品所属类别而非商品名称，如“食品”。

（4）国别地区，为进口国中文名称，如“日本”，必须和合同一致。

（5）贸易方式，成交的方式，如一般贸易、来料加工、补偿贸易等。

（6）结算方式，即出口货物的发货人或其代理人收结外汇方式，本栏目应按海关规定的《结汇方式代码表》选择填报相应的结汇方式名称或代码。有四种结汇方式可用电汇（T/T）、付款交单（D/P）、承兑交单（D/A）和信用证（L/C）。

（7）报关日期，此处应与出口货物报关单上的“申报日期”一致，可以直接复制出口货物报关单上的日期。

（8）货款，依合同内容分别填入币别与金额。

①币别与金额请依合同内容填报，如“USD138.80”。

②FOB 金额。如果合同是 FOB 或 FCA，则直接填写合同金额；如果是 CIF、CFR、CPT、CIP 则需计算 FOB 金额。换算方法如下：

由 CFR/CPT 换算成 FOB 价：FOB=CFR/CPT-运费；

由 CIF/CIP 换算成 FOB 价：FOB=CIF/CIP-运费-保险费收汇核销金额。

# 进口商业务实训

## 实训一 确认合同

### 一、准备工作

#### （一）进口商品市场的调研

（1）进口商品调研。了解国外产品的技术水平、工艺流程及使用效能，做到货比三家，选择最好商品。

（2）国际市场价格调研。从经济周期、通货膨胀、垄断与竞争、投机活动、自然条件、技术条件、成本、贸易政策等方面进行详细分析，选择从价格最有利的国家采购商品。

（3）国际市场供求关系调研。为保证货源，考虑商品产地、生产周期、销售周期、消费习惯和水平因素，对进口市场的供求状况做详细调研，以便做出最好的选择。

（4）重视进口国的相关贸易政策和法律法规及其变化。

#### （二）制订进口商品的经营方案

进出口商品经营方案内容一般包括：

①商品和货源情况。包括商品的特点、品质、规格、包装，国内生产数量、可供出口数量、当前库存及国内需要量等。

②国外市场情况。包括国外商品生产、消费、贸易情况，主要进出口国家的交易情况，今后发展变化的趋势，国外主要市场经营该商品的基本做法、销售渠道等。

③经营历史情况。包括我进出口商品在国际市场上所占的地位，主要进

出口地区及销售情况，国内外客户的具体反映，经营该商品的经验、教训等。

④经营计划安排。主要包括进出口商品的数量、金额，对某国或某地区出口或进口的数量、进度等。

⑤营销策略。包括客户利用措施，采取的贸易方式、价格的掌握、收汇方法、进出口销售的原则策略等。

### （三）落实进口许可证和外汇

进口商品若需领配额或进口许可证，需先申领，并在领到有关证明和筹备好进口所需外汇后才办理进口手续。若进口商无自营进口权利，需与有其经营权的企业签订进口代理协议，代理进口商品。

## 二、确认（签订）外销合同

进口商在做好进口贸易准备工作的基础上，通过各种方式、途径寻找出口商，并对出口商提供的商品、经营能力、资信进行调查，选择最有利、最合适的出口商。随后通过贸易磋商，签订进出口贸易合同。若由出口商起草外销合同，进口商需要对“外销合同”进行审核，并签字（章）确认。进口商审核进出口合同需要注意的事项有：

### （一）合同条款要体现我国的对外政策

（1）成交对象和交货目的港要贯彻我国的对外政策。政策不允许的不能成交，也不能将货物发往政策不允许的地区。

（2）对香港、澳门出口合同的装运口岸不能写中国口岸或中国上海，必须写具体港口名称，如上海。不能将港澳与中国并列。有的外贸公司在出口合同格式的装运口岸栏里已铅印 CHINESE PORTS 字样的，在制作合同同时更应引起注意。

（3）对那些明确规定需在国内办理投保的国家，不要强制对方接受 CIF 条件。

### （二）合同条款内容要一致

（1）成交条件与交货港口要一致。CIF 或 CFR 条件要附带一个目的港即卸货港，FOB 条件要有装运港。

（2）成交条件与保险条款要一致。CIF 条件成交的应当是我方保险，FOB 或 CFR 条件成交的应当是对方保险。

（3）单价和总值要保持一致，在币种的使用上也要一致。

（4）付款方式与装运期限要一致。

（5）包装条件与刷唛标记要一致。散装货不能有刷唛的要求。

（6）交货期与信用证开到日期要一致。

（7）合同总数量与分批装运的数量要一致。

（8）有的格式合同对某些条款是填写内容和供选择的，在制作合同时要正确填写或删除。不删除或删错了都会造成条款内容不一致。

**（三）合同条款的内容要明确**

（1）对交货目的港不要只写国名或地区名称，如美国港口等，因一个国家有很多港口只写国名不利于船舶的安排。对有重名港口名称后要写上国名。如维多利亚，加拿大、几内亚等国家都有叫维多利亚的港口。如对方派船合同，装运港必须明确，卸货港则可按买方要求办理。

（2）对包装条件的规定要明确，应列明用什么东西包装及每件（包）的重量。

（3）对合同的交货期，信用证开到日期等的书写上，应写明年月，不能只写月，不写年。

（4）一般均应订上溢短装比例，散装大宗货一般为 5%～10%，一般件杂货为 1%～5%。

（5）必须明确保险由谁办理，并须明确保险险别及适用条款。

（6）对合同中唛头标记，应争取按国际通常做法制作，即横式，共为 4 行，每行不超过 17 个字母，第一行为收货人缩写，第二行为合同号码，第三行为目的港名称，第四行为箱号或件数。

（7）在合同中必须明确支付方式。对信用证必须明确是不可撤销的。并须明确开到地点和时间，到期地点以及受益人名称。对开到地点、开支时间和到期地点一般均应在中国境内，对信用证的有效期至少掌握在装船期后 15 天。

（8）对整船出运的货物，往往会涉及滞期/速遣条款。我方派船合同一般发生在国外目的港，对方派船合同发生在国内装港。因此，应根据不同情况，分别在合同上附上一份运输条款。

### （四）加强审核，尽量避免差错

（1）要防止英文拼写错误，特别是对品名、价格条款、目的港等更要认真审核，防止打印上的错误，尽量减少和避免差错。

（2）合同签订后，要对合同号、买方地址、电挂、电传、传真、成交方式、单价、币制、包装重量、溢短比例、装卸港、保险、信用证开到地点等条款一一进行审核，防止漏打、错打。

**【任务(4)】**

1. 进口商查看“外销合同”内容；
2. 填写进口预算表（表 3-1）；
3. 填写完成后，在合同下方签字；
4. 进口商“确认合同”，双方完成合同的签订。

**表 3-1　进口预算表**

**进口预算表**

合同号：Contract001
预算表编号：STEBG00003　　（注：本预算表填入的位数全部为本位币）

| 项目 | 预算金额 | 实际发生金额 |
|---|---|---|
| 合同金额 | 456337. 56 | 0. 00 |
| CIF 总价 | 456337. 56 | 0. 00 |
| 内陆运费 | 956. 52 | 0. 00 |
| 报检费 | 29. 71 | 0. 00 |
| 报关费 | 29. 71 | 0. 00 |
| 关税 | 63887. 26 | 0. 00 |
| 增值税 | 88438. 22 | 0. 00 |
| 消费税 | 0 | 0. 00 |
| 海运费 | 0 | 0. 00 |
| 保险费 | 0 | 0. 00 |
| 银行费用 | 1277. 75 | 0. 00 |
| 其他费用 | 22816. 88 | 0. 00 |

填写说明：

（1）若进口商国别为“Canada”，其本币为CAD。在“淘金网”中“银行”查得CAD/RMB＝6.7313，则：

合同金额＝ CIF总价＝450000×6.8261÷6.7313＝ CAD456337.56

（2）在“淘金网”中“其他费用”查得为60RMB/立方米，则：

内陆运费＝107.31×60÷6.7313＝CAD956.52

（3）在“淘金网”中“其他费用”查得为200RMB，则：

报检费＝报关费＝200÷6.7313＝CAD29.71

（4）在“淘金网”中“税率查询”查得海关编码6109100022进口税（优惠）为14%，则：

关税＝456337.56×14%＝CAD63887.26

（5）在“淘金网”中“税率查询”查得海关编码6109100022增值税为17%，则：

增值税＝进口货物完税总额×增值税税率＝（456337.56＋63887.26）×17%＝CAD88438.22

（6）在“淘金网”中“税率查询”查得海关编码6109100022消费税率为0，CIF报价中进口商的海运费、保险费均为0，则：

消费税＝海运费＝保险费＝CAD0

（7）在“淘金网”的“其他费用”页中查得L/C下，进口商需要支付0.15%的“信用证开证手续费”（最低RMB200元）、0.13%的“信用证付款手续费”（最低RMB200元），则：

银行费用＝合同金额×银行费用总费率＝456337.56×（0.15%＋0.13%）＝CAD1277.75

（8）在“淘金网”的“其他费用”页中查得L/C下，进口商需要支付“其他费用”为5%的“公司综合费用”，所以：

其他费用＝456337.56×5%＝22816.88

## 实训二　信用证的申请

进口商与出口商签订国际贸易货物进出口合同，并确认以信用证为结算方式后，即由进口商向有关银行申请开立信用证。开证申请是整个进口信用证处理实务的第一个环节，进口方应根据合同规定的时间或在规定的装船前一定时间内申请开证，并填制开证申请书，开证行根据有关规定收取开证押金和开证费用后开出信用证。

## 一、开立信用证的基础

### （一）信用证与贸易术语

从历史上看，信用证业务是在贸易术语的应用和单据买卖的过程中发展起来的。

贸易术语（Trade Terms），又称贸易条件、价格术语（Price Terms），它是一个简短的概念或三个英文字母的缩写，用来说明价格的构成及买卖双方有关费用、风险和责任的划分，以确定买卖双方在交货和接货过程中应尽的义务。

### （二）贸易术语与 L/C

（1）CIF 术语，使银行的信用证条款简明而完整，银行购入单据的风险大大减少。

（2）FOB 术语，虽然也是象征性交货，但用于信用证结算可能会打折扣。

（3）“实际交货”的贸易术语，如 EXW、DAT、DAP、DDP，由于交货的单据不是物权凭单，即使进行信用证结算，银行也不愿意议付结汇，而往往采用收妥结汇的方法。

### （三）信用证与贸易合同

信用证中的申请人和受益人的关系是从买方与卖方的关系中产生出来的。销售合同与信用证构成“母与子”的关系。信用证来源于合同，但当它一落地便与母体脱离，开始独立。

在信用证业务中，银行的权利与义务只限于信用证的规定，只对信用证负责，并不受外销合同的约束，也不过问是否有外销合同存在与合同的执行情况。

## 二、开证的申请

### （一）开证申请书

开证申请书是开证的首要文件（书面文件），是开证申请人和开证行之间的契约。开证申请书包括两部分：①正面，格式化的开证申请人对信用证的要求；②背面，开证申请人中文声明。

开证申请人（进口商）在向开证行申请开证时必须填制开证申请书。开证申请书是开证申请人对开证行的付款指示，也是开证申请人与开证行之间的一种书面契约，它规定了开证申请人与开证行的责任。在这一契约中，开证行只是开证申请人的付款代理人。

开证申请书主要依据贸易合同中的有关主要条款填制，申请人填制后附合同副本一并提交银行，供银行参考、核对。但信用证一经开立则独立于合同，因而在填写开证申请时应审慎查核合同的主要条款，并将其列入申请书中。

一般情况下，开证申请书都由开证银行事先印就，以便申请人直接填制。开证申请书通常为一式两联，申请人除填写正面内容外，还须签具背面的“开证申请人承诺书”。

### （二）对申请人开证的要求

（1）开证银行的选择是至关重要的。

（2）申请书所列的要点与合同条款一致。

（3）开证指示必须完整和明确。

（4）申请人不要在信用证中“套证”。

（5）对信用证所需单据应本着简单、实用和正确的原则书写。

### （三）开证申请人的义务和责任

（1）申请人必须偿付开证行为取得单据而代表他向受益人支付的货款。在他付款前，作为物权凭证的单据仍属于银行。

（2）如果单据与信用证条款相一致而申请人拒绝赎单，则作为其担保的存款或账户上已被冻结的资金将归银行所有。

（3）申请人有向开证行提供开立信用证所需的全部费用的责任。

## 【任务(5)-1】

1. 进口商向进口地银行申请开立信用证，申领核销单；
2. 填写“贸易进口付汇核销单（代申报单）”（表3-2）；
3. 填写“信用证申请书”（表3-3）；
4. 将“信用证申请书”送进口地银行；
5. 进口商收到确认邮件，审核信用证内容，确认“信用证”。

**表3-2　贸易进口付汇核销单（代申报单）**

<u>贸易进口付汇核销单（代申报单）</u>

印单局代码：　　　　　　　　　　　　　　　　　　　核销单编号：STICA000002

<table>
<tr><td colspan="2">单位代码 00000010-8</td><td colspan="2">单位名称 Carters Trading Company</td><td colspan="2">所在地外汇局名称</td></tr>
<tr><td colspan="2">付汇银行名称<br>THE CHARTERED BANK</td><td colspan="2">收汇人国别 China</td><td colspan="2">交易编码 0101</td></tr>
<tr><td colspan="3">收款人是否在保税区：是☐　否☑</td><td colspan="3">交易附言</td></tr>
<tr><td colspan="6">对外付汇币种 USD　　　　对外付汇总额 450000<br>其中：购汇金额 4500000　　　　现汇金额　　　　其他方式金额<br>　　　人民币账号　　　　外汇账号</td></tr>
<tr><td colspan="6">付汇性质<br>☑正常付汇<br>☐不在名录　　☐ 90 天以上信用证　　☐ 90 天以上托收　　☐异地付汇<br>☐ 90 天以上到货　　☐转口贸易<br>备案表编号</td></tr>
<tr><td colspan="2">预计到货日期 05/20/2015</td><td colspan="2">进口批件号</td><td colspan="2">合同/发票号 Contract001</td></tr>
<tr><td colspan="6">结算方式</td></tr>
<tr><td colspan="6">信用证　90 天以内☑　　90 天以上☐　　承兑日期 / /　　付汇日期 / /　　期限　天</td></tr>
<tr><td colspan="6">托收　90 天以内☐　　90 天以上☐　　承兑日期 / /　　付汇日期 / /　　期限　天</td></tr>
<tr><td rowspan="2">汇款</td><td colspan="5">预付货款 ☐　　货到付款（凭报关单付汇）☐　　付汇日期 / /</td></tr>
<tr><td colspan="5">报关单号　　报关日期　/　/　　报关单币种　　金额<br>报关单号　　报关日期　/　/　　报关单币种　　金额<br>报关单号　　报关日期　/　/　　报关单币种　　金额<br>报关单号　　报关日期　/　/　　报关单币种　　金额<br>（若报关单填写不完，可另附纸。）</td></tr>
<tr><td colspan="6">其他 ☐　　　　付汇日期　/　/</td></tr>
<tr><td colspan="6">以下由付汇银行填写<br>申报号码：<br>业务编号：　　　　审核日期：　/　/　　（付汇银行签章）</td></tr>
</table>

填写说明：

(1) 贸易进口付汇核销单（代申报单），简称进口核销单，是指由国家外汇管理局监制、保管和发放，进口单位和银行填写，银行凭以为进口单位办理贸易进口项下的进口售付汇和核销的凭证。既用于贸易项下进口售付汇核销，又用于国际收支申报统计。每份进口核销单只能凭以办理一笔售付汇手续。在填写进口核销单时，应注意各项内容与售付汇情况是否一致。

(2)“印单局代码”为印制核销单的六位外汇局代码（印就）；“核销单编号”由各印制核销单的外汇局自行编制；“单位代码”应根据国家技术监督局颁发的组织机构代码填写；“所在地外汇局名称”系指付汇单位所在地外汇局名称；“付汇银行名称”通常为进口地银行；“收汇人国别”系指该笔对外付款的实际收款人常驻国家，即出口国家，如“China”。

(3)“交易编码”是根据进出口业务对外付汇交易的性质对应国家外汇管理局国际收支交易编码表填写（见附录一）。在上“贸易进口付汇核销单（代申报单）”中为一般贸易，填“0101”；“交易附言”是付款人对该笔对外付款用途的描述，可不填。

(4)“对外付汇币种、报关单币种”应按币种的英文缩写填写（如：USD），对外付汇总额、购汇金额、现汇金额、其他方式金额、汇款中报关单“金额”应用阿拉伯数字填写。

(5)“人民币账号、外汇账号”应根据如下规定填报：如所付款项系从现汇账户中支出，则在“外汇账号”栏填写该现汇账户的账号；如所付款项系从银行购得的外汇，则在“人民币账号”栏填写其用于购汇的人民币账户的账号。

(6)“付汇性质”应选择适当的付汇性质打√。其中，“正常付汇”系指除不在名录、90 天以上信用证、90 天以上托收、异地付汇、90 天以上到货、转口贸易、境外工程使用物资、真实性审查以外无须办理进口付汇备案业务的付款业务；“90 天以上信用证”及“90 天以上托收”均系指付汇日期距承兑日期在 90 天以上的对外付汇业务；除“正常付汇”之外的各付汇性质在标注√时，均须对应填写备案表编号。

（7）“结算方式”应选择适当的结算方式打√。其中，90天以内信用证、90天以内托收的付汇日期距该笔付汇的承兑日期均小于90天且含90天；90天以上信用证、90天以上托收的付汇日期距该笔付汇的承兑日期均大于90天；结算方式为“货到付汇”时，应同时填写对应“报关单号”、“报关日期”、“报关单币种”、“金额”。

（8）“申报号码”共22位。第1至第6位为地区标识码、第7至第10位为银行标识码、第11和第12位为金融机构顺序号、第13至第18位为该笔贸易进口付汇的付汇日期或该笔对外付汇的申报日期，最后4位为银行营业部门的当日业务流水码。

表3-3　不可撤销信用证开证申请书

**IRREVOCABLE DOCUMENTARY CREDIT APPLICATION**

TO：THE CHARTERED BANK　　DATE：150407

<table>
<tr><td colspan="2">☐Issue by airmail　☐With brief advice by teletransmission<br>☐Issue by express delivery<br>☑Issue by teletransmission（which shall be the operative instrument）</td><td>Credit NO. STLCA000002<br><br>Date and place of expiry　150615 in the beneficiary's country</td></tr>
<tr><td colspan="2">Applicant<br><br>Carters Trading Company<br>P. O. Box8888，New Terminal，Lata. Vista，Ottawa，Canada</td><td>Beneficiary（Full name and address）<br><br>TENGFEI TRADING CORP.<br>Room1010，Tianfu Mansion，Renmin South road，Chengdu610041，P. R. China</td></tr>
<tr><td colspan="2">Advising Bank<br><br>Chengdu Commercial Bank<br>No. 66 Xiyu Street，Chengdu610015，P. R. China</td><td>Amount<br><br>[USD　　] [450000　　]<br>U. S. DOLLARS FOUR HUNDRED AND FIFTY THOUSAND ONLY</td></tr>
<tr><td>Partial shipments<br>☐allowed<br>☑not allowed</td><td>Transhipment<br>☐allowed<br>☑not allowed</td><td rowspan="3">Credit available with<br>Chengdu Commercial Bank<br>By<br>☐sight payment　☐acceptance　☑negotiation<br>☐deferred payment at ______<br>against the documents detailed herein<br>☑ and beneficiary's draft（s）for 100 % of invoice value at ＊＊＊＊ sight<br>drawn on　ISSUE BANK</td></tr>
<tr><td colspan="2">Loading on board/dispatch/taking in charge at/from<br>Chongqing<br>not later than 150520<br>For transportation to：TORONTO</td></tr>
<tr><td colspan="2">☐FOB　☐CFR　☑CIF<br>☐or other terms ______</td></tr>
</table>

续表

Documents required: (marked with ×)
1. (×) Signed commercial invoice in 6 copies indicating L/C No. ______ and Contract No. Contract001.
2. (×) Full set of clean on board Bills of Lading made out to order and blank endorsed, marked " freight [ ] to collect/ [×] prepaid [ ] showing freight amount" notifying THE APPLICANT.
( ) Airway bills/cargo receipt/copy of railway bills issued by ______ showing " freight [ ] to collect/ [ ] prepaid [ ] indicating freight amount" and consigned to ______.
3. (×) Insurance Policy/Certificate in 3 copies for 110 % of the invoice value showing claims payable in CANADA in currency of the draft, blank endorsed, covering All Risks and War Risks.
4. (×) Packing List/Weight Memo in 3 copies indicating quantity, gross and weights of each package.
5. ( ) Certificate of Quantity/Weight in ______ copies issued by ______.
6. ( ) Certificate of Quality in ______ copies issued by [ ] manufacturer / [ ] public recognized surveyor ______.
7. (×) Certificate of Origin in 3 copies issued by MANUFACTURER.
8. ( ) Beneficiary′s certified copy of fax/telex dispatched to the applicant within ______ hours after shipment advising L/C No., name of vessel, date of shipment, name, quantity, weight and value of goods.
Other documents, if any
SHIPPING ADVICE IN 3 COPIES INDICATING L/C NO. AND CONTRACT NO.

Description of goods:
02009 WOMEN′S T-SHIRT
20PCS PER CARTON, COLOR: BLACK, FABRIC CONTENT: 100%COTTON
QUANTITY: 15000PC
PRICE: USD30/PC

Additional instruction:
1. (×) All banking charges outside the opening bank are for beneficiary′s account.
2. (×) Documents must be presented within 21 days after date of issuance of the transport documents but within the validity of this credit.
3. (×) Third party as shipper is not acceptable, Short Form/Blank B/L is not acceptable.
4. ( ) Both quantity and credit amount ______ % more or less are allowed.
5. ( ) All documents must be forwarded in ______.
( ) Other terms, if any

填写说明：

（1）开证申请是整个进口信用证处理实务的第一个环节，开证申请人（进口方）在向开证行申请开证时必须填制开证申请书。进口方主要依据贸易合同中的有关主要条款填制，根据合同规定的时间或在规定的装船前一定时间内申请开证，信用证一经开立则独立于合同。开证申请书通常为一式两联，申请人除填写正面内容外，还须签具背面的“开证申请人承诺书”。

（2）“TO” 开证行名称；“Date” 申请开证日期，格式为：YYMMDD。

（3）信用证的开立形式：

①Issue by airmail：信开。开证行以航邮将信用证寄给通知行。

②With brief advice by teletransmission：简电开。开证行将信用证主要内容发电预先通知受益人，银行承担必须使其生效的责任，但简电本身并非信用证的有效文本，不能凭以议付或付款，银行随后寄出的“证实书”才是正式的信用证。

③Issue by express delivery：信开。开证行以快递（如：DHL）将信用证寄给通知行。

④Issue by teletransmission（which shall be the operative instrument）：全电开。开证行将信用证的全部内容加注密押后发出，该电讯文本为有效的信用证正本。如今大多用“全电开证”的方式开立信用证。

（4）“Credit No.”信用证号码，由银行填写；“Date and place of expiry” 信用证有效期及地点，地点填受益人所在国家。

（5）“Applicant” 开证申请人名称及地址（一般为进口商），“Beneficiary（Full name and address）”受益人全称和详细地址（一般为出口商）。

（6）“Advising Bank” 通知行全称和详细地址。如果该信用证需要通过收报行以外的另一家银行转递、通知或加具保兑后给受益人，该项目内填写该银行。

（7）“Amount” 信用证金额。分别用数字小写和文字大写，小写输入时须包括币种与金额，大写输入时须在最后写上“ONLY”。

（8）“Partial shipments” 分批装运条款，“Transhipment” 转运条款。

（9）“Loading on board/dispatch/taking in charge at/from” 装运港，“not later than”，“For transportation to” 目的港。

（10）“Credit available with” 此信用证可由××银行即期付款、承兑、议付、延期付款，即押汇银行（出口地银行）名称；如果信用证为自由议付信用证，银行可用“ANY BANK IN…（地名/国名）”表示；如果该信用证为自由议付信用证，而且对议付地点也无限制时，可用“ANY BANK” 表示。

（11）“By” 开具的信用证类型：“sight payment” 即期付款信用证；“Acceptance”承兑信用证；“Negotiation”议付信用证；“deferred payment at”延期付款信用证，需要写明延期多少天付款，例如：at 60 days from payment confirmation（60 天承兑付款）、at 60 days from B/L date（提单日期后 60 天付款）等等。延期付款信用证指不需汇票，仅凭受益人交来单据，审核相符，指定银行承担延期付款责任起，延长直至到期日付款。

（12）“against the documents detailed herein”连同下列单据（延期付款信用证不需要选择连同下单据），“and beneficiary's draft（s）for ________% of invoice value at ________ sight”受益人按发票金额________%，作成限制为________天的汇票，“drawn on”付款人。

“at____sight”为付款期限：①“＊＊＊＊”或“——”为即期；②at ×× days after date（出票后××天），at ×× days after sight（见票后××天）或 at ×× days after date of B/L（提单日后 xx 天）等。

（13）“Documents required”信用证需要提交的单据（见附件二）：“Signed commercial invoice”经签字的商业发票，“Full set of clean on board Bills of Lading”全套清洁已装船海运提单，“Airway bills”空运提单，“Insurance Policy/Certificate”保险单/保险凭证，“Packing List/Weight Memo”装箱单/重量证明，“Certificate of Quantity/Weight”数量/重量证，“Certificate of Quality”品质证，“Certificate of Origin”产地证，“Shipment advising”装船通知。

（14）“Other documents, if any”其他所需的单据，“Description of goods”货物描述，“Additional instruction”附加条款（对以上各条款未述之情况的补充和说明，且包括对银行的要求等），“Other terms, if any”其他条款。

## 实训三　付款赎单

### 一、支付工具

#### （一）汇票

汇票是出票人签发的，委托付款人在见票时或者在指定日期无条件支付确定的金额给收款人或者持票人的票据。汇票的票据行为主要有：

（1）出票，即票据的签发。

（2）背书。汇票的持有者在汇票背面注明转让的签名并交给被背书人的行为称为背书。

（3）提示。汇票持票人将汇票交给付款人，要求付款或承兑的行为叫提示。

（4）承兑。汇票付款人表示承担到期付款责任的行为叫承兑。

Ⅰ）一般性承兑，指付款人对出票人的指示不加限制地予以确定，同意执行。

①只有付款人签字；

②付款人签字，加“已承兑”；

③付款人签字，加日期；

④付款人签字，加“已承兑”，加日期；

⑤以上任何一种加“在××分行付款”。

Ⅱ）保留性承兑，指付款人在承兑时，对汇票的到期付款加上一些保留条件，从而对票据文义进行了修改。

①有条件的承兑；

②部分承兑；

③规定地点的承兑；

④规定时间的承兑；

⑤并非由全部付款人承兑。

（5）付款。指汇票的付款人于汇票到期日支付汇票金额以消灭票据关系的行为。

（6）拒付。当持票人提示汇票要求承兑和付款时，遭到拒绝就叫拒付。也叫退票。

（7）追索。汇票遭拒付时，持票人要求前手偿还票款和费用的行为称为追索。索偿的金额包括：①汇票金额；②损失的利息；③做成拒绝证书的费用。

（8）保证。指非汇票债务人对于出票、背书、承兑等行为予以保证。也是对汇票债务的担保。

①由于是为被保证人担保的，所以保证人的责任和被保证人相同；

②在票据记载合格时，即使被保证人的债务因手续不齐无效，保证人仍

要对票据债务负责；

③保证人可以只对汇票金额的一部分作保证；

④保证人付款后，可向承兑人、被保证人及其前手追索。

（9）参加承兑和参加付款。作为参加承兑人：

①可以承兑汇票的全部金额。亦可只承兑部分金额。

②在参加承兑前，汇票必须先做不获承兑而遭退票的拒绝证书。

③见票定期付款的汇票因不获承兑而遭退票，尽管随后参加承兑，但到期日是从做成拒绝证书之日算起。

④持票人可以拒绝接受参加承兑。

### （二）本票

本票是出票人签发的，承诺自己在见票时无条件支付确定的金额给收款人或者持票人的票据。本法所称的本票，是指银行本票。本票的票据行为：本票除不必承兑，亦不必参加承兑以及对本票银行不予贴现之外，其余的与汇票相同，即出票、背书、保证、到期日、付款、参加付款、追索权等与汇票的规定一样。

### （三）支票

支票是出票人签发，委托办理支票存款业务的银行或者其他金融机构在见票时无条件支付确定的金额给收款人或者持票人的票据。支票的拒付和止付是指银行的拒付和出票人的止付。能引起拒付的理由有：

（1）出票人签名不符；

（2）支票开出不符规定；

（3）支票未到期；

（4）支票逾期提示或过期支票；

（5）大小写金额不符；

（6）金额需大写；

（7）缺付款人名字；

（8）托收款项尚未收到；

（9）支票已止付；

（10）存款不足；

（11）需收款人背书；

（12）要项涂改，需出票人证明。

## 二、支付方式

### （一）汇付

汇付也称国际汇兑或国外汇兑。它是付款人或债务人通过本国银行运用各种结算工具将款项付给国外收款人的一种结算方式，属于顺汇。汇付分为电汇、信汇、票汇。电汇业务流程如图 3-1。汇款在贸易项下的应用：①预付货款，②货到付款（售定、寄售）。

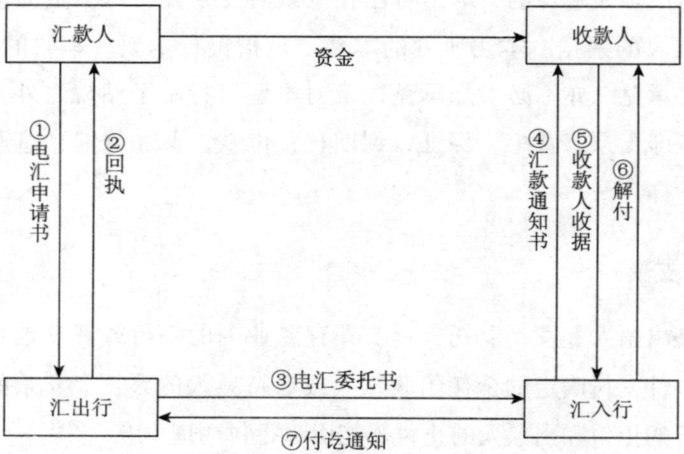


**图 3-1　电汇业务流程**

### （二）托收

跟单托收是指委托人开立汇票并附带货运单据委托银行向付款人收款的方式。跟单托收的种类有付款交单（即期付款交单、远期付款交单）与承兑交单。跟单托收业务流程如图 3-2。

（1）委托人将单据交托收行，委托银行收款。托收申请书主要项目有以下几项：

①远期汇票附有单据时，应明确交单的条件，是付款交单还是承兑交单。

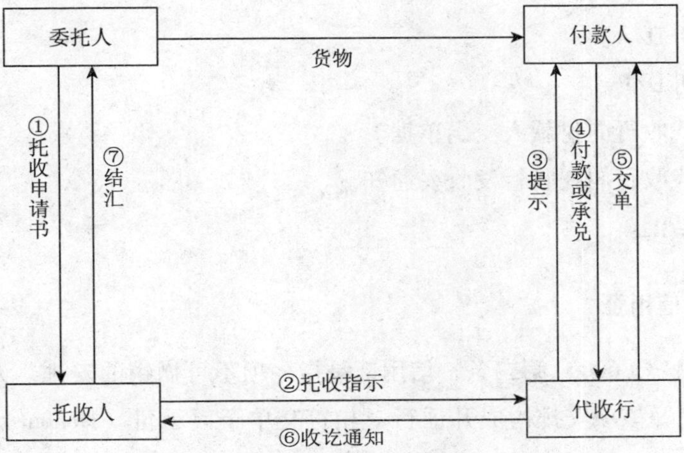


**图 3-2　跟单托收业务流程**

②票款收妥后的汇交办法。

③付款人拒付时，是否和应在何种情况下做成拒绝证书，或采取其他能代替拒绝证书的办法。

④银行办理托收所收取的费用由委托人还是付款人支付，或者是由双方共同负担，即谁的地方发生的费用由谁来负担，是否可免除。

⑤一旦发生违约和延期付款时，需要代理的全称和详细地址以及其确切的权限。

⑥代收行应采取何种措施来保护货物，特别是在发生拒付和拒绝承兑时，是否要求代收行把货物存仓、投保火险以及偷窃、雨淋损坏方面的险种。

⑦付款交单方式下是否准许付款人按比例分次付款、分次提货，以便利进口商的资金周转。

⑧逾期付款是否加收罚息：提前付款是否给予贴息。

（2）托收行审查，制作托收委托书寄给代收行。

①审查托收指示和单据。

②选择合适的代收行。

③填制托收委托书并寄给代收行。

（3）代收行审查托收指示并向付款人提示。

（4）付款人付款。

①即期 D/P。

②远期 D/A。

③远期 D/P。

（5）代收行向付款人交出单据。

（6）代收行向托收行发收妥通知。

（7）结汇。

**（三）信用证**

根据《UCP600》第二条，信用证是指一项不可撤销的安排，无论其名称或描述如何，该项安排构成开证行对相符交单予以承付（Honour）的确定承诺。承付指：

①如果信用证为即期付款信用证，则即期付款。

②如果信用证为延期付款信用证，则承诺延期付款并在承诺到期日付款。

③如果信用证为承兑信用证，则承兑受益人开出的汇票并在汇票到期日付款。

不可撤销即期议付信用证收付程序如下（图 3-3）：

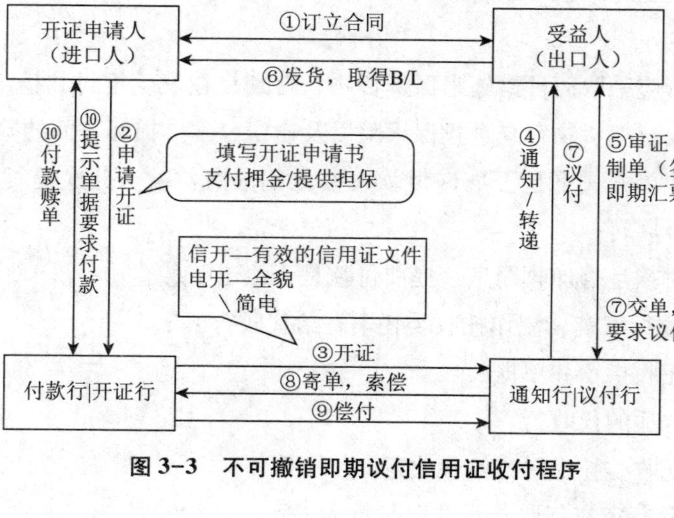


**图 3-3　不可撤销即期议付信用证收付程序**

【任务(16)-2】

1. 进口商登录，查看邮件通知，即可办理付款赎单；

2. 进入“业务中心”，点“进口地银行”，点“付款”支付货款，再点击“取回单据”取回押汇单据；

3. 点“船公司”，“换提货单”，用以报关提货。

## 实训四　报检

### 一、入境货物报检单的填制

报检单位须加盖报检单位印章，并准确填写本单位在检验检疫机构备案或注册登记的代码。所列各项内容必须完整、准确、清晰、不得涂改。

### 二、入境报检的要求

入境货物应入境前或入境时向入境口岸、指定的或到达站的检验检疫机构办理报检手续；入境的运输工具及人员应在入境前或入境时申报。入境报检时，应填写入境货物报检单，并提供合同、发票、提单等有关单证。下列情况还应按要求提供有关文件：

①凡实施产品强制性认证、卫生注册或其他需审批审核的货物，应提供有关证明。

②实施品质检验的，还应提供国外品质证书或质量保证书、产品使用说明书及有关标准和技术资料；凭样成交的，须加附成交样品；以品级或公量计价结算的，应同时申请重量鉴定。

③报检入境废物时，应提供国家环保部门签发的《进口废物批准证书》和经认可的检验机构签发的装运前检验合格证书，以及深圳检验检疫局各分支机构签发的《入/出境废旧物品检验检疫预申报证》等。

④申请残损鉴定的，还应提供理货残损单、铁路商务记录、空运事故记录或海事报告等证明货损情况的有关单证。

⑤申请重（数）量鉴定的，还应提供重（数）量明细单，理货清单等。

⑥货物经收、用货部门验收或其他单位检测的，应随附验收报告或检测

结果以及重量明细单等。

⑦入境的动植物及其产品，需按规定办理检疫审批手续的，应提供有效《进境动植物检疫许可证》和输出国官方出具的检疫证书正本（半制动物皮张、远洋捕捞的海产品除外）；《进境动植物检疫许可证》第二联须经检验检疫局动检处或植检处审核备案。

⑧过境动植物及其产品报检时，应提供货运单和输出国家或地区官方出具的检疫证书；运输动物过境时，还应提供动物过境许可证。

⑨因科研等特殊需要，输入禁止入境动植物及其产品的，必须提供国家质检总局签发的特许审批证明《进境动植物检疫许可证》。

⑩入境特殊物品的，应提供国家进口批文和有关证明、检验证书等，以及检验检疫局卫生检疫处签发的《入/出境特殊物品卫生检疫审批单》。

## 三、一般贸易入境货物的检验检疫手续

### （一）到货目的地为深圳地区

货主须在入境口岸检验检疫局办理报检手续，由入境口岸检验检疫局计收检验检疫费，实施动植物检疫和卫生检疫，并办理签证、通关手续。

属于大宗散装商品、进口食品、易腐烂变质商品、可用作原料的固体废物以及已发生残损、短缺的商品，由口岸检验检疫局在入境口岸实施检验。

除此以外，由陆路口岸入境的，货物调离到货物存放地，货主应持《入境货物调离通知单》到货物存放地检验检疫局（辖区局）办理检验手续。由海港口岸入境的，除进口成套设备调离目的地检验外，均在入境口岸检验检疫局检验检疫完毕。

### （二）到货目的地为非深圳地区

货主须在入境口岸检验检疫局办理报检手续，由入境口岸检验检疫局计收费，并落实查验和办理签证、通关手续。

需在口岸实施动植物检疫和卫生检疫的货物，由入境口岸检验检疫局实施检疫，货物调离到目的地落实检验。通关后，货主需持《入境货物调离通知单》到货物目的地检验检疫局办理检验手续。

## 四、到货目的地为深圳地区的加工贸易的检验检疫手续

### （一）集中报关入境货物

对需要进行检疫及检疫处理的货物，货主应到入境口岸检验检疫局办理报检手续，由入境口岸检验检疫局落实检疫及检疫处理。

集中报关货物的检验由所在地检验检疫局（辖区局）负责。企业应按所在地检验检疫局（辖区局）的要求办理报检手续，凭《管理手册》、《海关登记手册》、海关货物清单以及“入境货物检验检疫情况联系证明”等有关单据办理月报核销手续。

### （二）批报关入境货物

货主应到入境口岸检验检疫局办理报检手续。由入境口岸检验检疫局受理报检，计收检验检疫费，落实检疫工作，并签证通关。货物调离到企业所在地，由货主持《入境货物调离通知单》到辖区检验检疫局落实检验工作。企业凭《管理手册》、《海关登记手册》、海关货物清单以及“入境货物调离通知单”、“入境货物检验检疫情况联系证明”等有关单据资料到辖区检验检疫局办理月报核销手续。

到货目的地为非深圳地区的入境转关货物的检验检疫手续须实施卫生检疫及卫生处理的货物，货主须向入境口岸检验检疫局报检。货物的检验及动植物检疫由报关地检验检疫机构负责实施，并由报关地检验检疫机构签发“入境货物通关单”。有特别规定的货物除外。

公路口岸进口货物的提前报检手续货主须在进口货物入境前三日内，到入境口岸检验检疫局办理提前报检手续，交纳检验检疫费，领取三日内有效的《入境货物通关单》及“入境货物检验检疫情况联系证明”。货主可凭“入境货物通关单”办理有关报关手续。

货物到达入境口岸现场时，司机持“入境货物检验检疫情况联系证明”到入境口岸检验检疫局现场查验部门办理现场查验手续。查验合格的，由现场查验部门检验检疫工作人员在海关报关单上加盖“检验检疫专用章”。货主凭加盖“检验检疫专用章”的海关报关单通关。

## 五、进口食品和疫区来货的报检

货主须在入境口岸办理进口食品和疫区来货的报检手续，由入境口岸检验检疫计收进口食品卫生检验和卫生处理费。加工贸易企业可凭《入境货物通关单》第二联或“入境货物检验检疫情况联系证明”在辖区检验检疫局办理月报核销手续。

**【任务(17)】**

1. 进口商登录，点“添加单据”，添加单据“入境货物报检单”（表 3-4）填写、保存、检查；

2. 回到“业务中心”，点“检验机构”的建筑物，点“申请报检”（提交单据：商业发票、装箱单、入境货物报检单），点“报检”，系统自动签发“通关单”，点“财务资料”，看到报检手续费已扣除。

**表 3-4　入境货物报检单**

**中华人民共和国出入境检验检疫**

**入境货物报检单**

报检单位（加盖公章）：Carters Trading Company　　＊编号：STIPC000002

报检单位登记号：0000000003　联系人：Carter　电话：016137893503　报检时间：2015-04-08

| | | | |
|---|---|---|---|
| 收货人 | （中文） | 企业性质（划“√”） | □合资 □合作 □外资 |
| | （外文）Carters Trading Company | | |
| 发货人 | （中文）腾飞贸易股份有限公司 | | |
| | （外文）TENGFEI TRADING CORP. | | |

| 选择 | 货物名称（中/外文） | H. S. 编码 | 产地 | 数/重量 | 货物总值 | 包装种类及数量 |
|---|---|---|---|---|---|---|
| ⊙ | 女式 T 恤衫 WOMEN'S T-SHIRT | 6109100022 | 中国 | 15000PC | USD450000 | 750CARTON |
| | | | | | | |

| | | | | | |
|---|---|---|---|---|---|
| 运输工具名称号码 | Ryndam/DY100-08 | | 合同号 | Contract001 | |
| 贸易方式 | 一般贸易 | 贸易国别（地区） | 中国 | 提单/运单号 | STBLN000002 |
| 到货日期 | 2015-06-20 | 启运国家（地区） | 中国 | 许可证/审批号 | |
| 卸毕日期 | 2015-06-20 | 启运口岸 | 重庆港 | 入境口岸 | 多伦多 |
| 索赔有效期至 | 2015-06-30 | 经停口岸 | | 目的地 | |

续表

<table>
<tr><td colspan="2">集装箱规格、数量及号码</td><td colspan="3"></td></tr>
<tr><td colspan="2" rowspan="2">合同订立的特殊条款以及其他要求</td><td rowspan="2"></td><td>货物存放地点</td><td></td></tr>
<tr><td>用途</td><td></td></tr>
<tr><td colspan="2">随附单据（划"√"或填补）</td><td>标记及号码</td><td>*外商投资财产（划"√"）</td><td>□是　□否</td></tr>
<tr><td rowspan="4">☑合同<br>☑发票<br>☑提/运单<br>□兽医卫生证书<br>□植物检疫证书<br>□动物检疫证书<br>□卫生证书<br>□原产地证<br>□许可/审批文件</td><td rowspan="4">□到货通知<br>☑装箱单<br>□质保证<br>□理货清单<br>□磅码单<br>□验收报告<br>□______<br>□______</td><td rowspan="4">WOMEN'S T-SHIRT<br>CANADA<br>C/NO. 1-750<br>MADE IN CHINA</td><td colspan="2">*检验检疫费</td></tr>
<tr><td>总金额（人民币）</td><td></td></tr>
<tr><td>计费人</td><td></td></tr>
<tr><td>收费人</td><td></td></tr>
<tr><td colspan="3" rowspan="3">报检人郑重声明：<br>1. 本人被授权报检。<br>2. 上列填写内容正确属实。<br>签名：Carter</td><td colspan="2">领取证单</td></tr>
<tr><td>日期</td><td></td></tr>
<tr><td>签名</td><td></td></tr>
</table>

注：有"*"号栏由出入境检验检疫机关填　　　　◆国家出入境检验检疫局制

填写说明：

（1）"报检单位（加盖公章）"可以用"报检专用章"。

（2）"编号"由检验检疫机构报检受理人员填写，前6位为检验检疫局机关代码，第7位为报检类别代码，第8、9位为年代码，第10至15位为流水号。

（3）"报检单位登记号"报检单位在检验检疫机构的登记号和注册号（指代理报检单位）。

（4）"联系人"报检员或代理报检员。

（5）"电话"报检员或代理报检员电话。

（6）"报检日期"检验检疫机构实际受理报检的日期。

（7）"收货人"指外贸合同中的买方。

（8）"发货人"指外贸合同中的卖方。

（9）"企业性质"按实际性质填写。根据收货人的企业性质，在对应的窗口打"√"（外商投资财产鉴定报检时填写）。

（10）“货物名称（中/外文）”进口货物的品名，应与进口合同、发票名称一致，如为废旧物应注明。

（11）“H.S. 编码”进口货物的商品编码。以当年海关公布的商品税则编码分类为准。

（12）“产国（地区）”按进口合同填写，指货物生产/加工的国家或地区。

（13）“数/重量”按进口发票、提单填写，以商品编码分类中标准重量为准。应注明数/重量单位。重量须注明毛重、净重。

（14）“货物总值”入境货物的总值及币种，应与合同、发票或报关单上所列的货物总值一致，如同一报检单报检多批货物，需列明每批货物的总值。（注：如申报货物总值与国内，国际市场价格有较大差异，检验检疫机构保留核价权力）。

（15）“包装种类及数量”按实际包装类别和数量填写。指货物实际运输包装的种类及数量，如是木质包装还应注明材质及尺寸。

（16）“运输工具名称号码”填具体的船名、车号、航班号码，可只填写运输工具类别。

（17）“合同号”按进口合同填写。对外贸易合同、订单或形式发票的号码。

（18）“贸易方式”填写货物实际贸易方式：a. 一般贸易；b. 三来一补；c. 边境贸易；d. 进料加工；e. 其他贸易。

（19）“贸易国别（地区）”按合同填写。指本批货物贸易的国家和地区。

（20）“提单/运单号”货物海运提单号或空运单号，有二程提单的应同时填写。

（21）“启运国家（地区）”货物的启运口岸。指装载本批货物的运输工具开始出发的国家（地区）。

（22）“许可证/审批号”对实施许可制度/审批制度管理的货物，须填写安全质量许可证编号或审批单编号。

（23）“到货日期”即进口货物到达口岸的日期。

（24）“卸毕日期”按货物实际的卸毕日期填写。在还未卸毕前报检的，可暂时不填写，待货物卸毕后再补填。

（25）“启运口岸”指装运本批货物的运输工具的启运口岸名称。

（26）“入境口岸”指装运本批货物的运输工具进境时首次停靠的口岸名称。

（27）“索赔有限期”，对外贸易合同中约定的索赔期限。按合同规定的索赔期限填写，应特别注明截止日期。

（28）“经停口岸”货物在运输中曾经停靠的外国口岸。指本批货物在启运后，到达目的地前中途停靠的口岸名称。

（29）“目的地”货物的境内目的地。指本批货物预定最终抵达的交货地。

（30）“集装箱规格、数量和号码”填写装载本批货物的集装箱规格及分别对应的数量和集装箱号码全称。若集装箱较多，可另加附页。

（31）“合同订立的特殊条款以及其他要求”按合同要求填写。指贸易合同中双方对本批货物特别约定而订立的质量、卫生等条款和报检单位对本批货物检验检疫的特别要求。

（32）“货物存放地点”指实际存放地点。

（33）“用途”按本批货物的实际用途填写，如种用、食用、奶用、观赏或演艺、伴侣、实验、药用、饲用、其他等。

（34）“外商投资财产”是外商投资财产的打“√”。

（35）“随附单据”按实际向检验检疫机构提供的单据，在对应的“□”上打“√”，未列出的，在空白处填加。

（36）“标记及号码”按进口合同、发票所列唛头填写。货物的标记号码，应与合同、发票等有关外贸单据保持一致。若没有标记号码则填“N/M”。

（37）“检验检疫费”由检验检疫机构计费人员核定费用后填写。

（38）“报检人郑重声明”必须由报检员或代理报检员手签。

领取证单：由领证人填写实际领证日期并签名。

（39）“领取证单”报检人在领取检验检疫机构出具的有关检验检疫证单时填写领证日期及领证人姓名。

（40）“签名”由持有报检员证的报检人员手签。

## 实训五　报关、提货

进口报关是进口货物收发货人、进境运输工具负责人、进境物品所有人或者他们的代理人向海关办理货物、物品或运输工具进境手续及相关海关事务的过程，包括向海关申报、交验单据证件，并接受海关的监管和检查等。进口报关是履行海关进境手续的必要环节之一。

进口报关流程是指进口货物时需办理的流程，步骤包括签订进口代理合同→办理相关许可证→开信用证（电汇）→外商发货→审核进口单据→换单→三检及商检→报关预录→海关审价→缴纳税金→海关查验→放行货物→提货→动植物检验检疫→送货至仓库→结算单据留存→完成。

### 一、境外货物进区流程描述

（1）加工贸易所需进境料件、转口货物、仓储货物适用进境备案手续。

（2）货物到达港后，收货人或其代理人到预录入点办理进境货物备案清单预录入手续（加工贸易进境料件在加工企业预录入，仓储、转口货物在仓库预录入），预录入按“进出境备案清单填制规范”填写。

（3）将预录入数据向海关发送申报，待接到接受申报回执后，打印进境货物备案清单。

（4）在备案清单上签署报送员名字，并加盖报关章，随附报送员证、提单（包括小提单）、相关商业单证、运输单证、原产地证书、《进口信用证、托收承兑/付汇情况表》、审批单证及其他海关认为必要时需交验的有关单证和资料到海关里书面交单申报手续。

（5）海关接单后，经审核符合申报条件、手续齐全有效的，予以放行，并在有关单证上加盖放行章或验讫章，将盖单证返还报关员办理提货手续。

（6）货物须由海关监管车辆从码头（机场等）承运至保税区内。

### 二、区内货物出境流程描述

（1）保税区运往境外的货物适用出境备案手续。

（2）发货人或其代理人到预录入点办理出境备案清单预录入手续，预录入按“进出境备案清单填制规范”填写。

（3）将预录入数据向海关发送申报，待收到申报加执后，打印出境货物备案清单。

（4）在备案清单上签署报关员名字，并加盖报关章，随附报关员证、相关商业单证、运输单证、审批单证及其他海关认为必要时需交验的有关单证和资料到海关办理书面申报手续。

（5）海关接单后，经审核符合申报条件、手续齐全有效的，予以放行，并在关单证上加盖放行章或验讫章，将盖章单证返还报关员办理货物装船出运手续。

（6）货物须由海关监管车辆从保税区承运至码头（机场等）。

## 三、其他境外货物进区或货物出区流程描述

（1）除加工贸易进境料件、转口货物和仓储货物外的从境外运入保税区，或者从保税区运往非保税区，或者从境外通过保税区报关直接运往非保税区的货物适用进口报送手续。

（2）收（发）货人或其他代理人到预录入点办理进口报关单预录入手续，按“报关单填制规范”填写。

（3）将预录入数据向海关发送申报，待接到接受申报回执后，打印进口报关单。

（4）在报送单上签署报关员名字，加盖报关章，随附报关员证、相关商业单证、运输单证、审批单证及其他海关认为必要时需交验的有关单证和资料到海关办理书面交单申报手续。

（5）海关接单后，经审核符合申报条件、手续齐全有效的，予以放行，并在相关单证上加盖放行章或验讫章，将盖章单证返还报关员输提货手续。

（6）入区货物须由海关监管车辆从码头（机场等）承运至保税区。

## 四、货物从非保税区出口到保税区流程描述

（1）从非保税区运往保税区的货物适用出口报送手续。

（2）货物先运入保税区或直接运入码头后，发货人或其代理人到预录入点办理出口报关单预录入手续，预录入按“报关单填制规范”填写。

（3）将预录入数据向海关发送申报，待接到申报回执后，打印出口报关单。

（4）在报关单上签署报关员名字，加盖报关章，随附报关员证、相关商业单证、运输单证、审批单证及其他海关认为必要时需交验的有关单证和资料到海关办理书面交单申报手续。

（5）海关接单后，经审核符合申报条件、手续齐全有效的，予以放行过机，并在相关单证上加盖放行章或验讫章，将盖章单证返还。

## 五、注意事项

（1）进口单证（装箱单，发票，贸易合同）等所有单证一定与实际货物一致。

（2）装箱单，发票，贸易合同等单证上的货物品名一定要一样并且和实际货物的品名一致。

（3）装箱单上的货物重量和立方数要和提单上的一致，并且要和实际货物一致。

（4）合同上面要有合同号，发票上面要有发票号。

（5）是木质包装的需要在木质包装上有 IPPC 标示。

（6）从韩国和日本进口货物，还要有非木质包装证明。

（7）凡进口下列九类商品必须提前 5 天预申报：汽车零件；化工产品；高科技产品；机械设备；药品；多项食品；多项建材；钢材；摩托车零配件。

（8）凡进口旧印刷机械，进口年限不能超过 10 年，超过 10 年国家不允许进口。

（9）凡进口发电机组，工作实效不能超过 15000 小时，年限不能超过 8 年。

（10）旧医疗器械，国家不允许进口。

**【任务(18)】**

1. 进口商登录，点“出口商”建筑物，点“添加单据”，添加“进口货物报关单”（表 3-5）填写、保存、检查；

2. 回到“业务中心”，点“海关”的建筑物，点“报关”（选择单据：提货单、入境货物通关单、进口货物报关单），点“报关”，点“缴税”，点“提货”；

3. 回到“业务中心”，点“财务中心”，看到报关费及进口税捐已被扣除，点“库存”，看到货物已在列表中。

### 表 3-5　进口货物报关单

## 中华人民共和国海关进口货物报关单

预录入编号：　　　　　　　　　　　　　　　　　　　　　　　　　　海关编号：

| | | | |
|---|---|---|---|
| 进口口岸<br>Toronto Port | 备案号 | 进口日期<br>2015-06-15 | 申报日期<br>2015-06-15 |
| 经营单位 Carters Trading Company 0000000010 | 运输方式<br>江海运输 | 运输工具名称<br>Ryndam/DY100-08 | 提运单号<br>STBLN000002 |
| 收货单位 Carters Trading Company 0000000010 | 贸易方式<br>一般贸易 | 征税性质<br>一般征税 | 征税比例 |

| | | | |
|---|---|---|---|
| 许可证号 | 起运国（地区）<br>中国 | 装运港<br>重庆港 | 境内目的地 |

| | | | | |
|---|---|---|---|---|
| 批准文号 | 成交方式<br>CIF | 运费<br>[　　][　　] | 保费<br>[　　][　　] | 杂费<br>[　　][　　] |
| 合同协议号<br>Contract001 | 件数<br>750 | 包装种类<br>CARTON | 毛重（公斤）<br>9750 | 净重（公斤）<br>8250 |
| 集装箱号 | 随附单据<br>入境货物通关单 | | 用途 | |

标记唛码及备注
WOMEN'S T-SHIRT
CANADA
C/NO. 1-750
MADE IN CHINA

| 选择 | 项号 | 商品编号 | 商品名称、规格型号 | 数量及单位 | 最终目的国（地区） | 单价 | 总价 | 币制 | 征免 |
|---|---|---|---|---|---|---|---|---|---|
| ⊙ | 1 | 6109100022 | WOMEN'S T-SHIRT 20PCS PER CARTON, COLOR: BLACK, FABRIC CONTENT: 100% COTTON | 15000 PC | 中国 | 30 | 450000 | USD | 照章征免 |

税收征收情况

续表

<table>
<tr><td>录入员 录入单位</td><td>兹声明以上申报无讹并承担法律责任</td><td>海关审单批注及放行日期（签章）</td></tr>
<tr><td colspan="2" rowspan="3">报关员 Carter<br>申报单位（签章）<br>单位地址 P. O. Box8888, New Terminal, Lata. Vista, Ottawa, Canada<br>邮编 A230 电话 001613789351<br>填制日期 2015-06-15</td><td>审单 审价</td></tr>
<tr><td>征税 统计</td></tr>
<tr><td>查验 放行</td></tr>
</table>

填报说明：

（1）“预录入编号”指申报单位或预录入单位对该单位填制录入的报关单的编号，用于该单位与海关之间引用其申报后尚未批准放行的报关单。报关单录入凭单的编号规则由申报单位自行决定。预录入报关单及 EDI 报关单的预录入编号由接受申报的海关决定编号规则，计算机自动打印。

（2）“海关编号”指海关接受申报时给予报关单的编号。海关编号由各海关在接受申报环节确定，应标识在报关单的每一联上。报关单海关编号为 9 位数码，其中前两位为分关（办事处）编号，第三位由各关自定义，后六位为顺序编号。各直属海关对进口报关单和出口报关单应分别编号，并确保在同一公历年度内，能按进口和出口唯一地标识本关区的每一份报关单。各直属海关的理单岗位可以对归档的报关单另行编制理单归档编号。理单归档编号不得在部门以外用于报关单标识。

（3）“进口口岸”填写货物入境的口岸名称。本栏目应根据货物实际进口的口岸海关选择填报《关区代码表》中相应的口岸海关名称及代码。加工贸易合同项下货物必须在海关核发的《登记手册》（或分册，下同）限定或指定的口岸与货物实际进境口岸不符的，应向合同备案主管海关办理《登记手册》的变更手续后填报。进口转关运输货物应填报货物进境地海关名称及代码；按转关运输方式监管的跨关区深加工结转货物，进口报关单填报转入地海关名称及代码。其他未实际进境的货物，填报接受申报的海关名称及代码。

（4）“经营单位”填写对外签订或执行进口贸易合同或协议的中国境内

的企业或其他单位名称。

(5)“收货单位”填写进口货物的实际使用单位名称及其所在地区。进口货物如果预知收货后的运往地区，其收货单位所在地以预知运往收货地区为准。

(6)“合同协议号”填写本批货物合同或协议的详细年份、字头和编号及附件号码。

(7)“批准机关及文号”指经有关机关批准才能进口货物的批准机关名称及批准文号。

(8)“运输工具名称及号码”江海运输填船舶名称；陆运填车号；空邮运只填“空运”或“邮运”字样即可。

(9)“贸易方式”可根据情况分别填写以下贸易方式：一般贸易；国家间、国际组织无偿援助和捐赠送物资；华侨、港澳台同胞及外籍华人捐赠物资；补偿贸易；来料加工装配贸易（对口合同除外）；进料加工贸易；寄售代销贸易；各作各价对口合同贸易；边境地方贸易和小额贸易（不包括边民互市贸易）；对外承包工程货物；租赁贸易；外商投资企业作为投资进口的设备、物品；外商投资企业进口供加工内销产品的料、件；出料加工贸易；其他免费提供的货物。本栏填报应符合以上要求，尽可能详尽，不能简单地填报为“加工装配”或“赠品”等。

(10)原产国别（地区)：填写进口货物生产、开采或制造的国家（地区)。如果该货物经过其他国家加工复制，以最后加工的国家为原产国。但是，仅经过简单整理，如改换包装、分类、筛选、加刷唛间、加刷唛头、加贴标签等未改变货物性质、规格的，不作加工论。对不同原产国的货物，应分别填明。

(11)“贸易国别（地区)”即货物的购自国（地区)。填写同中国境内的企业和单位签订了合同或协议的国家或成交厂商所在国或地区。

(12)“外汇来源”分别视情况填写“中央外汇”、“地方外汇和地方留成外汇”、“中央各部留成外汇”或“其他”（包括货款外汇、国外投资以及进口货物不需支付外汇等)。如果是自筹外汇或调剂外汇，则应按明确的外汇来源分别填写。如，调剂中央各部留成外汇进口的货物应填写为“中央各部留成外汇”，而不应填报为“调剂外汇”。

（13）“进口日期”填写运输工具申报进境日期。

（14）“提单或运单号”海运填提单号；陆运填运单号；空运填货运单号；邮运填报税清单（包裹单）号。

（15）“运杂费及保险费/率”填写实际支付金颁。如不能取得实际运杂费及保险费数字，可按规定的定额率计算。

（16）“标记唛码”填写货物的实际标记唛码，如有地点名称，也应该填写。

（17）“包装种类及件数”包装种类指袋、箱、包、捆、桶等。一批货物有多种包装的，要分别填报件数。

（18）“重量”填写本批货物全部重量；“净重”填写扣除外层包装后的自然净重。合同发票等单据上没有净重时，可以按照商业习惯填写公量重、净重等，也可将毛重扣除估计外层包装重量后填报。对于不同品种的货物，如果统计商品目录和计量单位是“公斤”的，应当分别填明净重。

（19）“海关统计商品编号”按照《中华人民共和国海关统计商品目录》的规定填写。

（20）“货名、规格及货号”填写货物的中外文详细名称和规格，例如进口钢材应填钢号、纺织物应填纺织原料所占成分。

（21）“填写货物的实际数量单位”，如台、个、打等。如合同规定的数量单位与海关统计商品目录所规定的计量单位不同，或者统计商品目录规定有第二数量单位的（如发电机除台数外，还需填写千瓦数；内燃机除台数外，还需填写马力）要按照海关统计目录规定的单位填写。整套机械分批进口时，应在数量栏内注明“分批装运”字样。

（22）“成交价格”填写合同规定的成交单价、总价和价格条件（如CIF、FOB等），并目注明外币名称。如果合同规定的价格条件为CFR或FOB时，则应按规定在“运杂费和保险费/率”栏内填明实际运杂费、保险费或定额率。

（23）“到岸价格”填写进口货物到达我国国境时的到岸价格，包括货价、运抵我国起卸前的运费、保险费和其他一切费用。其中外币一项按照国家外汇管理部门核定的各种货币对美元的统一折算率折合成美元。到岸价格的人民币免填。邮运、空运进口货物采用货物运到指运地的到岸价格。到岸价格外币计至元为止，元以下四舍五入。

(24)“关税、工商税（现称产品税或增值税）的完税价格、税则号列和税率等”由海关填写。

(25)“随附单据”填写附单据名称。

(26)“申报单位（盖章）”必须加盖报关单位公章、报关员印章并填写申报日期。

(27)“海关放行日期”由进口地海关在核放货物后填注日期并加盖海关放行章。

## 实训六 付汇核销与销货

### 一、进口付汇到货的数据报审

进口付汇到货报审是进口单位根据《进口付汇核销监管暂行办法》的要求，按月将“贸易付汇到货核销表”及所附单证报送外汇局审查的业务过程和手续。

#### （一）业务审核单据

根据《进口付汇核销监管暂行办法》规定，进口单位“应当在有关货物进口报关后一个月内向外汇局办理核销报审手续”。进口单位在办理到货报审手续时，须对应提供下列单据：

①进口付汇核销单（如核销单上的结算方式为“货到付款”，则报关单号栏不得为空）；

②进口付汇备案表（如核销单付汇原因为“正常付汇”，企业可不提供该单据）；

③进口货物报关单正本（如核销单上的结算方式为“货到付汇”，企业可不提供该单据）；

④进口付汇到货核销表（一式两份，均为打印件并加盖公司章）；

⑤结汇水单及收账通知单（如核销单付汇原因不为“境外工程使用物资”及“转口贸易”，企业可不提供该单据）；

⑥外汇局要求提供的其他凭证、文件。

### （二）办理进口付汇报审业务手续

（1）进口单位须备齐上述单据，一并交外汇局进口核销业务人员初审。

（2）初审人员对于未通过审核的单据，应在向企业报审人员明确不能报审的原因后退还进口单位。

（3）初审结束后，经办人员签字并转交其他业务人员复核。

（4）复核人员对于未通过审核的单据，应在向企业报审人员明确不能报审的原因后退还进口单位。

（5）复核无误，则复核员签字并将企业报审的全部单据及 IC 卡留存并留下企业名称、联系电话、联系人。

（6）外汇局将留存的报关单及企业 IC 卡通过报关单检查系统检验报关单的真伪。如无误，则将 IC 卡退进口单位，并在到货报审表和报关单上加盖“已报审”章；如报关单通不过检查，则将有关材料及情况转检查部门。

### （三）领取进口付汇核销单

进口单位在开展进口业务之前，应当凭：①对外经贸部（委、厅）的批件；②工商管理部门颁发的执照；③技术监督部门颁发的企业代码证书。到所在地外汇管理局办理列入“对外付汇进口单位名录”。没有被列入名录中的进口单位不得直接到外汇指定银行办理进口付汇。进口单位在被列入“对外付汇进口单位名录”后并向主管海关领取付汇核销用的 IC 卡后，就可以到外汇指定银行领取《贸易进口付汇核销单（代申报单）》，凭以办理进口付汇手续。

## 二、进口付汇备案手续

进口付汇备案是外汇管理局依据有关法规要求企业在办理规定监督范围内付汇或开立信用证前向外汇局核销部门登记，外汇局凭以跟踪核销的事前备案业务。

### （一）企业在办理下列付汇或开立信用证业务时，须办理备案手续

（1）开立 90 天以上（不含 90 天）的远期信用证；

（2）信用证开立日期距最迟装运日期超过90天（不含90天）；

（3）办理90天以上（不含90天）承兑交单的承兑业务；

（4）提单签发日期距付汇日期超过90天（不含90天）的付汇交单业务；

（5）付汇日期距预计到货日期超过90天的预付货款；

（6）超过合同总额的15%且超过等值10万美元的预付货款；

（7）报关单签发日期距付汇日期超过90天（不含90天）的货到汇款业务；

（8）境外工程使用物资采购的付款、开证业务；

（9）转口贸易的付款、开证业务；

（10）不在名录内企业付汇、开证业务；

（11）“受外汇局真实性审核进口单位名单”内企业的付汇、开证业务；

（12）经外汇局了解认为确系特殊情况，有必要重点跟踪付汇业务。

企业在办理上述备案业务前，须对应报审已签发的预计到货日期在上月1日前的备案表的到货情况；否则，不予办理。

**（二）进口单位在办理备案业务时，须对应提供下列单证**

（1）进口付汇备案申请函（申请函内容应包含申请备案原因及备案内容）；

（2）进口合同正本及主要条款复印件；

（3）开证申请书（如备案原因为“远期信用证”，则该开证申请书上应有银行加盖的业务章）；

（4）进口付汇通知单及复印件（如结算方式不为“托收”，则企业可不提供该单据）；

（5）电汇申请书（如结算方式不为“汇款”，则企业可不提供该单据）；

（6）进口货物报关单正本、复印件及IC卡（如备案原因不为货到汇款、信用证展期，则企业可不提供该单据及IC卡）；

（7）结汇水单/收账通知单或转口所得的信用证（如备案原因不为“境外工程使用物资”、“转口贸易”，则企业可不提供该单据）；

（8）预付款保函（如备案原因不为“90天以上到货”、超过15%且超过等值10万美元的预付货款，则企业可不提供该单据）；

（9）进口付汇备案表；

（10）特殊备案情况下，外汇局要求提供的其他凭证、文件。

**（三）企业在办理进口付汇备案业务时应根据不同的备案情况对应提供上述单据，并按照下列要求完成备案手续**

（1）企业应提前三个工作日将有关单据交外汇局核销业务人员初审。

（2）初审无误，审核人员将单据报送主管领导审批。

（3）业务人员应于企业备案当日（或次日，“受外汇局真实性审核进口单位名单”内企业除外）将通过初审的单据报送主管领导审批；主管领导在次日（或第三日，“受外汇局真实性审核进口单位名单”内企业除外）将审批结果退审核人员；对于审批未通过的备案，审核人员须及时向企业讲明原因。

（4）审批通过后，由审核人员通知企业（或由企业主动查询）备案结果，并将加盖“进口付汇核销专用章”的备案表及所附单证退还企业；同时，将备案表第四联及有关单证复印件一并留存、输机。

**【任务(19)】**

1. 点“出口商”建筑物，点“添加单据”，选择“进口付汇到货核销表”（表3-6）填写、保存、检查；

2. 点“外管局”，点“付汇核销”，选择提交单据（进口货物报关单、进口付汇到货核销表），点“付汇核销”；

3. 回到“业务中心”，点“市场”建筑物，点“销货”，选中确定，填“销售数量”确定，进口商的业务完成。

**表 3-6　进口付汇到货核销表**

**2015 年 6 月 贸易进口付汇到货核销表**

进口单位名称:Carters Trading Company　　进口单位编码:0000010-8　　核销表编号:STICE000002

| 付汇情况 | | | | | | | | 报关到货情况 | | | | | | | |
|---|---|---|---|---|---|---|---|---|---|---|---|---|---|---|---|
| 序号 | 核销单号 | 备案表号 | 付汇币种金额 | 付汇日期 | 结算方式 | 付汇银行名称 | 应到货日期 | 报关单号 | 到货企业名称 | 报关币种金额 | 报关日期 | 与付汇差额 退汇 | 与付汇差额 其他 | 凭报关单付汇 | 备注 |
| 1 | TICA 000002 | | [USD] [450000] | 2015 - 06-15 | L/C | THE CHAR-TERED BANK | 2015-06 -15 | STICA 000002 | Carters Trading Company | [USD] [450000] | 2015 - 06-15 | | | | |
| | | | | | | | | | | | | | | | |
| | | | | | | | | | | | | | | | |
| | | | | | | | | | | | | | | | |

| | | | | | |
|---|---|---|---|---|---|
| 付汇合计笔数:<br>1 | 付汇合计金额:<br>[USD][450000 ] | 到货报关合计笔数:<br>1 | 到货报关合计金额:<br>[USD][450000 ] | 退汇合计金额:<br>[ ][ ] | 凭报关单付汇合计金额:<br>[ ][ ] |
| 至本月累计笔数:<br>1 | 至本月累计金额:<br>[USD][450000 ] | 至本月累计笔数:<br>1 | 至本月累计金额:<br>[USD][450000 ] | 至本月累计金额:<br>[ ][ ] | 至本月累计金额:<br>[ ][ ] |

填表人:Carter　　负责人:Carter　　填表日期:2015 年　06 月　15 日

第二联:进口单位留存　　本核销表内容无讹

模块四

# 工厂业务实训

## 实训一　确认合同

出口商与进口商签订合同后，就应开始准备货品，下面以下图（图4-1）对采购的具体流程加以说明。

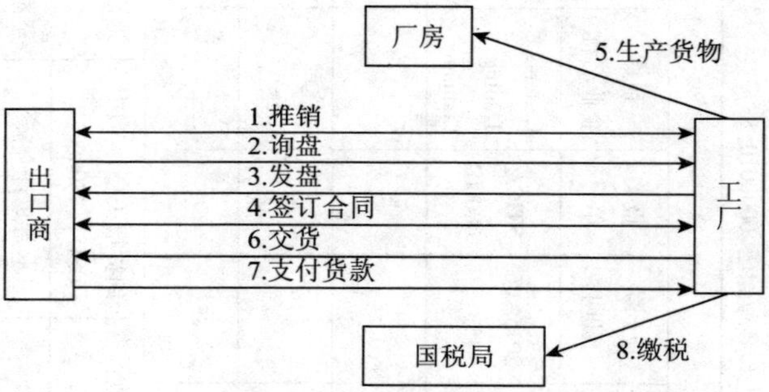


**图 4-1　国内采购流程**

1. 推销

产品制造商和出口贸易商都需要积极开发市场，寻找贸易对象，可寄送业务推广函（Sale Letter）或在计算机网络、杂志、报刊上刊登产品广告来推销自己，同时可通过参加商展等途径寻找交易对手，增进贸易机会。

2. 询盘

出口商收到工厂的业务推广函或看到广告后，根据自己的需要，对有意进一步洽商的工厂予以询盘，以期达成交易。

3. 发盘

工厂按买主来函要求，计算报价回函给出口商。这期间可能需要函电多次往返接洽，最后得到关于价格条款的一致意见。

4. 签约

交易双方经一番讨价还价方式后，正式签订国内买卖合同（Contract 或 Agreement）。买卖合同可以由出口商起草，也可以由工厂起草。

5. 生产货物

签约后，工厂即着手生产货物。

6. 交货

生产完成后，工厂依合同放货给出口商。

7. 支付货款

工厂放货的同时，出口商支付货款，交易完成。

8. 缴税

合同完成后，工厂还需到国税局就该笔合同的收益缴付税款。

【任务(7)-2】

工厂登录，收到出口商要求确认合同的邮件、查看，进入“业务中心”，点“出口商”的建筑，点“切换”，将等待确认的合同设置为主合同，点“修改合同”，在合同左下方签字、保存，点“确认合同”，合同生效进入履约阶段。

## 实训二 生产并放货

工厂在完成一笔业务的过程中，须缴纳的费用包括三项：增值税、消费税与公司综合费用。这三种费用的计算方法如下：

1. 增值税

利用商品海关编码进行查询。如果一笔合同涉及多项商品，则须分别计算再累加。可得：

商品增值税＝内销合同金额/（1+增值税率）×增值税率

2. 消费税

利用商品海关编码进行查询。如果一笔合同涉及多项商品，则须分别计算再累加。可得：

从价商品消费税＝内销合同金额/（1+增值税率）×消费税率

从量商品消费税＝出口销售数量×消费税单位税额

3. 公司综合费用

若查到工厂的公司综合费用为合同金额的 a%，可得：

公司综合费用 = 合同金额×a%

**【任务(8)】**

合同确认后，工厂组织生产。工厂登录，点标志为“市场”的建筑物，点“查看市场”，根据合同内容选择相应的商品“组织生产”（填入生产数量），生产完成后，进入业务中心点“出口商”的建筑，点“放货”交付给出口商收取货款，进入业务中心点“国税局”的建筑物，点“缴税”，点“财务资料”查看各项收入与支出。

备注：出口商登录，收到工厂已放货的邮件、查看，点“库存资料”看到货物已在库存，备货完成。

模块五

# 进口地银行业务实训

## 实训一 信用证的开立

在进出口实务中，买卖双方可能互不信任，买方担心预付款后，卖方不按合同要求发货；卖方也担心在发货或提交货运单据后买方不付款。因此需要两家银行作为买卖双方的保证人，代为收款交单，以银行信用代替商业信用。银行在这一活动中所使用的工具就是信用证。

信用证（Letter of Credit，L/C）是指由银行（开证行）依照（申请人的）要求和指示或自己主动，在符合信用证条款的条件下，凭规定单据向第三者（受益人）或其指定方进行付款的书面文件。即信用证是一种银行开立的有条件的承诺付款的书面文件。

信用证方式有三个特点：一是信用证是一项自足文件（Self-sufficient Instrument）。信用证不依附于买卖合同，银行在审单时强调的是信用证与基础贸易相分离的书面形式上的认证。二是信用证方式是纯单据业务（Pure Documentary Transaction）。信用证是凭单付款，不以货物为准。只要单据相符，开证行就应无条件付款。三是开证银行负首要付款责任（Primary Liabilities for Payment）。信用证是一种银行信用，它是银行的一种担保文件，开证银行对支付有首要付款的责任。

### 一、开证审查

开证前，开证行需要对客户资信进行审查。审查银行对开证申请人的资信审查与对一般的信贷对象相同，其中包括经营状况、财务状况、资金周转状况、行业发展动向、与银行往来情况。银行对经常保持信用证业务的客户，往往根据资信审查分析，给予一定的信用额度。以下事项此时需要注意。

（1）开证申请书内容前后不应有矛盾；

（2）与进口许可证内容应一致；

（3）避免申请书内条款与进出口国家的有关外汇贸易规定相抵触。

## 二、开证所需资料

（1）开户许可证复印件。

（2）营业执照正副本复印件。

（3）组织机构代码正副本复印件。

（4）税务登记证正副本复印件。

（5）法人身份证复印件和办理人身份证复印件并加盖公章。

（6）授权委托书。

（7）合同复印件。

（8）转账支票。

（9）开证申请。

（10）开户申请。

（11）公章、财务章、法人章。

## 三、开证的抵押

开证抵押的方法主要有以下几种：

（1）收取保证金。

（2）以出口信用证作抵押。

（3）凭其他银行保函。

## 四、信用证内容

（1）对信用证本身的说明，如信用证编号、种类、金额、开证日期、到期日和交单地点等。

（2）信用证的当事人，如开证申请人、受益人以及开证行、通知行、议付行、保兑行等。

（3）信用证金额及汇票。包括信用证所使用的货币名称、金额、加百分比。如果使用汇票，还需记载汇票的金额、到期时间、出票人、付款人等。

（4）装用条款，如运输方式、起运地、目的地、装运日期、可否分批装运、可否转运等。

（5）货物条款，如货物名称、规格、数量、包装、价格等。

（6）单据条款包括对汇票、货运单据、商业发票、运单、提单、保险单证、检验证等要求。

（7）特别条款主要是根据进口国的贸易状况的变化或不同业务需要规定的一些条款。

（8）开证行的责任条款以及适用的国际惯例。

（9）有权签字人的签名或电传密押。

## 五、注意事项

银行对开证的审查非常严格。开证时，开证行要注意的事项：

（1）要简明、准确、完整、及时地开立信用证。

（2）一份信用证即是一份独立文件。

（3）条款要单据化，内容不模棱两可。

（4）开证押金（保证金）的掌握要合情合理。

**【任务(5)-2】**

进口地银行收到进口商开证的申请，查看申请书内容，根据申请书的内容填写信用证（表5-1），并将“信用证”送进口商确认。

**表5-1　信用证**

| MT700 | ISSUE OF A DOCUMENTARY CREDIT |
|---|---|
| | MESSAGE TEXT |
| ：27：*SEQUENCE OF TOTAL* | |
| 1/1 | |
| ：40*A*：*FORM OF DOCUMENTARY CREDIT* | |
| IRREVOCABLE | |
| ：20：*DOCUMENTARY CREDIT NUMBER* | |
| STLCN000002 | |
| ：31*C*：*DATE OF ISSUE* | |
| 150407 | |

续表

| |
|---|
| : 31*D*: *DATE AND PLACE OF EXPIRY* |
| 150615 IN THE BENEFICIARY'S COUNTRY |
| : 51*A*: *APPLICANT BANK* |
| THE CHARTERED BANK |
| : 50: *APPLICANT* |
| CARTERS TRADING COMPANY<br>P. O. BOX8888, NEW TERMINAL, LATA. VISTA, OTTAWA, CANADA |
| : 59: *BENEFICIARY* |
| TENGFEI TRADING CORP.<br>ROOM1010, TIANFU MANSION, RENMIN SOUTH ROAD, CHENGDU<br>610041, P. R. CHINA |
| : 32*B*: *CURRENCY CODE, AMOUNT* |
| [USD ] [450000 ] |
| : 41*D*: *AVAILABLE WITH BY* |
| CHENGDU COMMERCIAL BANK BY NEGOTIATION |
| : 42*C*: *DRAFTS AT* |
| SIGHT |
| : 42*A*: *DRAWEE* |
| ISSUE BANK |
| : 43*P*: *PARTIAL SHIPMENTS* |
| NOT ALLOWED |
| : 43*T*: *TRANSHIPMENT* |
| NOT ALLOWED |
| : 44*A*: *ON BOARD/DISP/TAKING CHARGE* |
| CHONGQING |
| : 44*B*: *FOR TRANSPORTATION TO* |
| TORONTO |
| : 44*C*: *LATEST DATE OF SHIPMENT* |
| 150520 |
| : 45*A*: *DESCRIPTION OF GOODS AND/OR SERVICES* |
| 02009 WOMEN'S T-SHIRT, 20PCS PER CARTON, COLOR: BLACK, FABRICCONTENT: 100%COTTON<br>QUANTITY: 15000PC, PRICE: USD30/PC, CIF CANADA |
| : 46*A*: *DOCUMENTS REQUIRED* |

续表

| |
|---|
| +SIGNED COMMERCIAL INVOICE IN 6 COPIES INDICATING L/C NO. STLCN000002 AND CONTRACT NO. CONTRACT001.<br>+FULL SET OF CLEAN ON BOARD BILLS OF LADING MADE OUT TO ORDER AND BLANK ENDORSED, MARKED " FREIGHT PREPAID" NOTIFYING THE APPLICANT.<br>+INSURANCE POLICY/CERTIFICATE IN 3 COPIES FOR 110% OF THE INVOICE VALUE SHOWING CLAIMS PAYABLE IN CANADA IN CURRENCY OF THE DRAFT, BLANK ENDORSED, COVERING ALL RISKS AND WAR RISKS.<br>+PACKING LIST/WEIGHT MEMO IN 3 COPIES INDICATING QUANTITY, GROSS AND WEIGHTS OF EACH PACKAGE.<br>+CERTIFICATE OF ORIGIN IN 3 COPIES ISSUED BY MANUFACTURER.<br>+SHIPPING ADVICE IN 3 COPIES INDICATING L/C NO. AND CONTRACT NO. |
| ：47*A*：*ADDITIONAL CONDITIONS* |
| THIRD PARTY AS SHIPPER IS NOT ACCEPTABLE, SHORT FORM/BLANK B/L IS NOT ACCEPTABLE. |
| ：71*B*：*CHARGES* |
| ALL BANKING CHARGES OUTSIDE THE OPENING BANK ARE FOR BENEFICIARY´S ACCOUNT. |
| ：48：*PERIOD FOR PRESENTATION* |
| DOCUMENTS MUST BE PRESENTED WITHIN 21 DAYS AFTER DATE OF ISSUANCE OF THE TRANSPORT DOCUMENTS BUT WITHIN THE VALIDITY OF THIS CREDIT. |
| ：49：CONFIRMATION INSTRUCTIONS |
| WITHOUT |
| ：57*D*：*ADVISE THROUGH BANK* |
| CHENGDU COMMERCIAL BANK |
| ：72：*SENDER TO RECEIVER INFO* |
| THIS LC IS SUBJECT TO UCP 2007 ICC PUB. NO. 600. THIS IS OPERATIVE INSTRUCMENT AND NO MAIL CONFIRMATION WILL FOLLOW. |

填写说明：

（1）MT700为SWIFT（Society Worldwide Interbank Financial Telecommunication，环球同业银行金融电讯协会）（见附录三）开立跟单信用证报文格式。

（2）信用证是国际贸易中常用的结算工具，是一种银行开立的有条件的承诺付款的书面文件，特点：银行信用、自足文件、纯粹的单据业务；英文：LETTER OF CREDIT，缩写：L/C or LC，根据是否要求跟随单据来分类，有两类：跟单信用证（DOCUMENTARY CREDIT，缩写：D/C or DC）和光票信用证（CLEAN CREDIT），其中跟单信用证最常见。

（3）SEQUENCE OF TOTAL（页次），是指发送内容的页次，不是我们传统意义的一页（如：A4 纸页），因此常见到这里的页次是：1/1，但实际上内容打出来却有好几页（A4 纸页）。

（4）FORM OF DOCUMENTARY CREDIT（跟单信用证类别）有六种填法：IRREVOCABLE（不可撤销跟单信用证）、REVOCABLE（可撤销跟单信用证）、IRREVOCABLE TRANSFERABLE（不可撤销可转让跟单信用证）、REVOCABLE TRANSFERABLE（可撤销可转让跟单信用证）、IRREVOCABLE STANDBY（不可撤销备用信用证）、REVOCABLE STANDBY（可撤销备用信用证）。

（5）DOCUMENTARY CREDIT NUMBER（信用证号码），便于在银行间/企业间通信往来时引用，特别注意里面的 0 和 O，I 和 l（小写的 L）和 1（数字）的区别，必要时要与银行确认。

（6）DATE AND PLACE OF EXPIRY（信用证有效期和有效地点），交单时间无论如何（这个时间规定有先于信用证其他关于交单时间的规定）也不能超过这个时间。有效地点可以在开证行所在的国家，也可以在受益人所在的国家；如果在开证行所在的国家，表示单据要在这个日期以前交到开证行才有效，如果在受益人所在的国家，表示单据要在这个日期以前交到议付行即可。到期地点，有时也见到其他的表述方法，如：AT OUR COUNTER（在我行），IN BENEFICIARY´S COUNTRY（受益人国家），ISSUING BANK（开证行），NEGOTIATION BANK（议付行），等等。

（7）APPLICANT BANK（申请人的名称地址），实务中，要注意核对措辞。有些时候，还会出现电话号码、传真号码、税务号码等等内容，在制作单据时候，特别是商业发票，要注意包括进去，防止客户挑刺。

（8）CURRENCY CODE，AMOUNT（货币代码、总额），若有小数点，用逗号“，”隔开，如：USD450000，56 表示：USD450000. 56。

（9）PERCENTAGE CREDIT AMT TOL.（信用证金额上下浮动允许的最大范围），另外还有两个可选项目：39B MAXIMUM CREDIT AMOUNT（信用证最大限制金额），39C ADDITIONAL AMOUNTS COVERED（额外金额）。数值表示百分比的数值，如：05/05，表示上下浮动最大为 5%。前面的 05 表示上浮 5%，后面的 05 表示下浮 5%。

（10）AVAILABLE WITH BY（指定的有关银行，指定银行作为付款、承兑、议付的银行），信用证兑付的方式，兑付的方式有 5 种：BY PAYMENT（即期付款）；BY ACCEPTANCE（远期承兑）；BY NEGOTIATION（议付）；BY DEF PAYMENT（迟期付款）；BY MIXED PAYMENT（混合付款）。

## 实训二　信用证的转发

开证行（进口地银行）接受申请人（进口商）的开证申请后，严格按照开证申请书的指示拟定信用证条款，有时草拟完信用证后，还送交开证申请人确认。开证行将其所开立的信用证通过邮寄或电传或通过 SWIFT（Society Worldwide Interbank Financial Telecommunication，即“环球同业银行金融电讯协会”）电信网络送交出口地的联行或代理行，请它们代为通知或转交受益人。

**【任务(6)-1】**

进口地银行收到进口商同意信用证的邮件、查看，进入“信用证业务”画面，选中对应信用证，“送出口地银行”。

## 实训三　进口押汇

进口商通过信用保证文件的开立，可以延长付款期限，不必在出口商发货之前支付货款，即使在出口商发货后，也要等到单据到达自己手中才履行付款义务。这样，进口商减少了资金占用的时间。同时，出口商愿意接受这种延长付款期限，是以开证行保证到期付款为条件的。因此，进口押汇是开证行向进口商提供的一种资金融通。

### 一、种类

（1）信用证单据的押汇。出口商根据信用证的要求，将信用证上面所列的各种单据和信用证交给银行进行短期借款，实际上就是用信用证的单据抵押给银行。

（2）远期信用证承兑的押汇。出口商的远期信用证业务，得到开证银行承兑通知，出口商利用远期信用证的承兑通知，向银行申请短期借款。

（3）远期银行承兑汇票的贴现。用远期银行承兑汇票作为抵押品的短期借款。出口商拿到了一张远期银行汇票，这张汇票已经被银行承兑了，但还没有到期，出口商可以拿着张汇票抵押给银行进行借款。

## 二、对象

企业（开证申请人）如使用银行授信额度开立信用证，由于单证相符必须承担对外付款责任时，因资金临时周转困难等原因，确实无法在规定付款日前筹措到付款资金的，可在收到银行到期付款通知书后向银行申请叙作进口押汇。

## 三、条件

（1）企业应当具备独立法人资格，且经营作风良好，无违规、违法和违约等不良记录；

（2）企业必须在银行开有外汇或人民币基本账户或往来账户，保持经常结算往来，信誉良好；

（3）企业应有齐全的财务管理制度和生产销售网络，进口商品有正常合理的销售渠道和可靠的资金回笼来源，能够按期偿还银行的垫款资金；

（4）企业财务状况良好，具备短期偿债能力，如需要，企业应向银行提供经认可的贷款担保或抵押。

## 四、作用

（1）减少资金占压。在办理进口开证、进口代收后继续叙做进口押汇，等于完全利用银行的信用和资金进行商品进口和国内销售，不占压任何资金即可完成贸易、赚取利润。

（2）把握市场先机。当无法立即付款赎单时，进口押汇可以使其在不支付货款的条件下取得物权单据、提货、转卖，从而抢占市场先机。

（3）优化资金管理。在到期付款时遇到更好的投资机会，且该投资的预期收益率高于贸易融资的利息成本，使用进口押汇，既可保证商品的正常购买、转售，又可同时赚取投资收益，实现资金使用效率的最大化。

## 五、流程

（1）出口单据到达后，开证申请人提出办理进口押汇的要求，并填写《进口押汇申请书》。

（2）开证申请人向银行提供近期财务报表、进口合同、开证申请书等材料。

（3）开证申请人向银行出具信托收据，并在必要时提供保证金等担保措施。

（4）上述手续办妥后，银行向开证申请人发放进口押汇款。

**【任务(16)-1】**

进口地银行收到押汇通知（邮件）、查看，进入“结汇单据”单据，审核单据，审核无误后，点“通知进口商”，同时进口地银行还需支付议付款给出口地银行，体现在财务资料中。

模块六

# 出口地银行业务实训

## 实训一　信用证的通知

### 一、通知行的责任

通过通知行通知受益人的最大优点就是安全。开证行与通知行建立代理关系后，一般要互换检验密押及签字样本，以保证不受信用证中可能出现的欺诈的侵害。通知行的责任如下：

（1）通知行的责任是及时通知或转递信用证，合理谨慎地审核它所通知信用证的表面真实性并及时澄清疑点。

（2）如果该行决定不通知信用证，他必须不延误地对开证行做出如上说明。

（3）如通知行不能确定信用证的表面真实性，即无法核对信用证的签署或密押，则应毫不延误地告知来证行，说明其不能确定信用证的真实性。

（4）如通知行仍决定通知该信用证，则必须告知受益人，它不能核对信用证的真实性。

通知行通知的方法：

①用电话或电传通知出口商速到通知行领取；

②将通知书及信用证原本寄给出口商。开证行给通知行的副本由通知行存档本案。

伪造信用证的特点：

①无密押来报；

②信开信用证的签字无从核对；

③使用第三家银行密押，而第三家银行来电确认密押相符的电文不加押；

④信开信用证随附一个签字样本，然而该样本是假的；

⑤单据要求寄往第三家银行，而第三家银行不存在；

⑥信用证中的某些条款客户无法接受。

## 二、信用证的传递

（1）银行间传递的信用证。

（2）传真传递的信用证。

（3）非通知行传递的信用证：

①开证行直接寄给出口商；

②开证行将信用证交申请人，再由申请人转递给出口商。

（4）信息传递上的免责事项。

## 三、预先通知和证实书

（1）信用证的预先通知书

不可撤销信用证开立的预先通知书，只有在开证行准备开立有效信用证文件时，才能由该开证行做出。做出预先通知书的开证行承担不可撤销的责任。

（2）信用证证实书的有效性

①当开证行用任何有效的电讯传递方式指示通知行，通知信用证或信用证的修改，该电讯方式将被认为是有效信用证文件或有效修改书，并且不需要再发出邮寄证实书。

②如果电讯声明“详情后告”（或类似词语）或声明邮寄证实书将是有效信用证文件，则该电讯将不作为是有效信用证文件。

**【任务(6)-2】**

出口地银行收到已转发的邮件、查看，进入“信用证业务”画面，打开信用证查看内容，选中该信用证，点“制作（信用证）通知书”并根据信用证内容填写、保存、检查，选中“信用证通知书”（表6-1），点“通知受益人”。

**表 6-1 信用证通知书**

**成都商业银行**

**Chengdu Commercial Bank**

**No. 66 Xiyu Street，Chengdu610015，P. R. China**

**信用证通知书**

**NOTIFICATION OF DOCUMENTARY CREDIT**

日期：2015-04-07

<table>
<tr><td colspan="2">TO 致：<br>TENGFEI TRADING CORP.<br>ROOM1010，TIANFU MANSION，RENMIN SOUTH ROAD，CHENGDU610041，P. R. CHINA</td><td colspan="2">WHEN CORRESPOND NG<br>PLEASE QUOTE OUT REF NO.</td></tr>
<tr><td colspan="2">ISSUING BANK 开证行<br>THE CHARTERED BANK<br>P. O. Box99552，Riyadh 22766，KSA</td><td colspan="2">TRANSMITTED TO US THROUGH 转递行<br>REF NO.</td></tr>
<tr><td>L/C NO. 信用证号<br>STLCN 000002</td><td>DATED 开证日期<br>150407</td><td>AMOUNT 金额<br>[USD] [450000]</td><td>EXPIRY PLACE 有效地<br>CANADA</td></tr>
<tr><td>EXPIRY DATE 有效期<br>150615</td><td>TENOR 期限<br>SIGHT</td><td>CHARGE 未付费用<br>RMB0. 00</td><td>CHARGE BY 费用承担人<br>BENE</td></tr>
<tr><td>RECEIVED VIA 来证方式<br>SWIFT</td><td>AVAILABLE 是否生效<br>VALID</td><td>TEST/SIGN 印押是否相符<br>YES</td><td>CONFIRM 我行是否保兑<br>NO</td></tr>
<tr><td colspan="4">DEAR SIRS 敬启者：<br>WE HAVE PLEASURE IN ADVISING YOU THAT WE HAVE RECEIVED FROM THE A/M BANK A（N）LETTER OF CREDIT，CONTENTS OF WHICH ARE AS PER ATTACHED SHEET（S）.<br>THIS ADVICE AND THE ATTACHED SHEET（S）MUST ACCOMPANY THE RELATIVE DOCUMENTS WHEN PRESENTED FOR NEGOTIATION.<br>兹通知贵公司，我行收自上述银行信用证一份，现随附通知。贵司交单时，请将本通知及信用证一并提示。<br>REMARK 备注：<br>PLEASE NOTE THAT THIS ADVICE DOES NOT CONSTITUTE OUR CONFIRMATION OF THE ABOVE L/C NOR DOES IT CONVEY ANY ENGAGEMENT OR OBLIGATION ON OUT PART.</td></tr>
</table>

THIS L/C CONSISTS OF　　SHEET（S），INCLUDING THE COVERING LETTER AND ATTACHMENT（S）.

本信用证连同面函及附件共　　　纸。

IF YOU FIND ANY TERMS AND CONDITIONS IN THE L/C WHICH YOU ARE UNABLE TO COMPLY WITH AND OR ANY ERROR（S），IT IS SUGGESTED THAT YOU CONTACT APPLICANT DIRECTLY FOR NECESSARY AMENDMENT（S）SO AS TO AVOID AND DIFFICULTIES WHICH MAY ARISE WHEN DOCUMENTS ARE PRESENTED.

如本信用证中有无法办到的条款及/或错误，请径与开证申请人联系，进行必要的修改，以排除交单时可能发生的问题。

THIS L/C IS ADVISED SUBJECT TO ICC UCP PUBLICATION NO. 600.
本信用证之通知系遵循国际商会跟单信用证统一惯例第600号出版物办理。
此证如有任何问题及顾虑，请与结算业务部审证科联络，电话：86-28-86668888

YOURS FAITHFULLY
FOR Chengdu Commercial Bank

## 实训二 出口结汇

出口押汇是银行凭出口商提交的信用证或托收项下单据，向出口商提供的短期资金融通，包括信用证项下即期押汇，远期押汇/贴现和托收押汇。

出口押汇是出口商将全套出口单据交到业务银行，银行按照票面金额扣除从押汇日到预计收汇日的利息及相关费用，将净额预先付给出口商的一种短期资金融通。出口押汇分信用证项下押汇、D/P项下押汇和D/A项下押汇。

### 一、银行的审证

银行主要负责对信用证的可靠性和有效性的审查，其审证的重点内容包括：

(1) 审查开证行资信

开证行的资信主要取决于资产的大小、银行的分支机构多寡、历史的长短、往来关系的好坏，业务多少，过去的业绩等。对开证行的资信调查：

①银行对开证行的资信调查，要靠平时资料的积累。对一些大银行的资信情况，则可以从其信用等级中了解大概。国际金融界每年都对世界性大银行的资信进行评级，譬如：最高评级为AAA或Aaa，最差为D，若一家银行被评为C级或D级，则其资信属于差的行列。

②开证行资信不清楚的，应在仔细查清其资信后才能使用信用证；开证行所在国与出口人所在国无外交往来的，一般不接受；对于资信欠佳的银行或政治局势紧张或外汇汇率动荡的国家开来的信用证，应建议受益人尽量分散风险，或请其他银行对信用证进行保兑。

（2）审查信用证的有效性

当信用证以电讯方式发送至受益人时，如果该电讯中声明“详情后告”或类似词语，或声明邮寄证实书为有效信用证文件，则该电讯不被视为有效信用证文件。应在通知行向开证行查询后，等待有效信用证文件。

（3）审查信用证的责任条款

开证行在信用证中应有保证付款的明确表示。凡是按照UCP600开立的信用证即有明确的保付条款。如开证行为减轻其应负责任而附加各种保留或限制，这种信用证对出口人的安全收汇没有保证，应要求开证行删除后才能接受。

（4）索汇路线和索汇方式的审查

信用证的索汇路线必须正常、合理，若索汇路线迂回、环节过多，应与开证行联系进行修改。索汇方式凡大额信用证可要求加列电索条款。

（5）费用问题

信用证项下的一切费用，一般应由进口人负担。

## 二、流程

出口商根据业务需要向业务银行提出押汇申请，银行审批同意后，与出口商签订《出口押汇总质押书》；每次出货后，出口商填写《出口押汇申请书》，向银行提出融资申请，并将信用证或贸易合同要求的所有单据提交银行；银行审核相关单据并向出口商发放押汇款；银行对外寄单索汇；收汇后归还出口押汇。

该业务是指银行凭出口商提供的信用证项下完备的货运单据作抵押，在收到开证行支付的货款之前，向出口商融通资金的业务。贴现则是银行对于未到期的远期票据有追索权地买入，为客户提供短期融资业务。对客户来说如为即期收汇，可申请出口押汇；如为远期收汇，则在国外银行承兑可申请出口贴现。

## 三、办理出口押汇业务的要求

（1）出口押汇的申请人应为跟单信用证的受益人且资信良好，银行为客户提供出口押汇融资时，与客户签定出口押汇业务总承诺书，并要求客户逐笔提出申请，银行凭其提交的单证相符的单据办理出口押汇。出口押汇按规定利率计收外币利息。

（2）出口押汇是银行对出口商保留追索权的融资，但银行如作为保兑行、付款行、或承兑行时不能行使追索权。

（3）银行只办理跟单信用证项下银行承兑票据的贴现，申请人办理贴同业务应向银行提交贴现申请书，并承认银行对贴现垫款保留追索权。

（4）贴现票据的期限不超过 180 天，贴现天数以银行贴现日起算至到期日的实际天数，贴现利率将按规定执行并计收外币贴现息，贴现息将从票款中扣除。

**【任务(14)-2】**

出口地银行登录，看到出口商押汇通知（邮件），进入“结汇单据”画面，逐一对单据进行审核，审核无误后，点“送进口地银行”；

出口地银行还需议付货款给出口商，点“财务资料”，看到议付的货款已扣除。

模块七

# 其他交易方式下的实训

L/C、D/P、D/A、T/T 是国际贸易中常用的四种结算方式，前面已经具体描述过 L/C 方式下的履约流程，以下将就其他三种结算方式与 L/C 在流程方面的区别加以说明。

**（一）D/P 与 L/C 的区别**

（1）在 D/P 方式下，进口商不需向银行申请开发信用证，有关于信用证部分的流程都可省去。

（2）出口商在办完报关等手续后，不再采用“押汇”方式向银行交付单据，而是采用“托收”方式，出口地银行也不需垫付款项。

（3）进口地银行同样不需垫付款项，可直接通知进口商前来付款赎单。

（4）进口商付款后，银行才能通知出口商结汇。

**（二）D/A 与 L/C 的区别**

（1）在 D/A 方式下，进口商不需向银行申请开发信用证，有关于信用证部分的流程都可省去。

（2）出口商在办完报关等手续后，不再采用“押汇”方式向银行交付单据，而是采用“托收”方式，出口地银行也不需垫付款项。

（3）进口地银行同样不需垫付款项，可直接通知进口商前来赎单；进口商赎单时不需付款，可先承兑，在汇票到期日前付款即可。

（4）进口商付款后，银行才能通知出口商结汇。

**（三）T/T 与 L/C 的区别**

（1）在 T/T 方式下，进口商不需向银行申请开发信用证，有关于信用证部分的流程都可省去。

（2）出口商在办完报关等手续后，不再采用“押汇”方式向银行交付单据，而是在“单据列表”页面中直接将单据送进口商。

（3）进口商收到单据可直接办理相关手续，可销货收回资金后再付款（不能选择汇款）给进口商。

（4）进口商付款后，银行才能通知出口商结汇。

备注说明：D/A、D/P 方式下，向出口地银行交单托收时，需要递交“商业发票”、“装箱单”、“普惠制产地证明书”、“货物运输保险单”（CIF 条件时）、“海运提单”、“汇票”等单据完成托收手续的办理。

## 项目一　L/C+CFR 履约步骤

| 序号 | 出口商 | 进口商 | 工厂 | 进口地银行 | 出口地银行 |
|---|---|---|---|---|---|
| 1 | 起草外销合同 | | | | |
| 2 | 添加并填写出口预算表 | | | | |
| 3 | 合同送进口商 | | | | |
| 4 | | 添加并填写进口预算表 | | | |
| 5 | | 签字并确认外销合同 | | | |
| 6 | | 到银行领取并填写“进口付汇核销单” | | | |
| 7 | | 添加并填写开证申请书 | | | |
| 8 | | 发送开证申请 | | | |
| 9 | | | | 根据申请书填写信用证 | |
| 10 | | | | 送进口商确认 | |
| 11 | | 对照合同查看信用证 | | | |
| 12 | | 同意信用证 | | | |
| 13 | | | | 通知出口地银行 | |
| 14 | | | | | 审核信用证 |
| 15 | | | | | 填写信用证通知书 |
| 16 | | | | | 通知出口商 |

续表

| 序号 | 出口商 | 进口商 | 工厂 | 进口地银行 | 出口地银行 |
|---|---|---|---|---|---|
| 17 | 对照合同审核信用证 | | | | |
| 18 | 接受信用证 | | | | |
| 19 | 起草国内购销合同 | | | | |
| 20 | 合同送工厂 | | | | |
| 21 | | | 签字并确认购销合同 | | |
| 22 | | | 组织生产 | | |
| 23 | | | 放货给出口商 | | |
| 24 | | | 到国税局缴税 | | |
| 25 | 添加并填写“货物出运委托书” | | | | |
| 26 | 指定船公司 | | | | |
| 27 | 洽订舱位 | | | | |
| 28 | 添加并填写“报检单、商业发票、装箱单” | | | | |
| 29 | 出口报检 | | | | |
| 30 | 添加并填写产地证明书 | | | | |
| 31 | 到相关机构申请产地证 | | | | |
| 32 | 到外管局申领并填写核销单 | | | | |
| 33 | 到海关办理核销单的口岸备案 | | | | |
| 34 | 添加并填写“报关单” | | | | |
| 35 | 送货到海关 | | | | |
| 36 | 出口报关，货物自动出运 | | | | |
| 37 | 到船公司取提单 | | | | |

**续表**

| 序号 | 出口商 | 进口商 | 工厂 | 进口地银行 | 出口地银行 |
|---|---|---|---|---|---|
| 38 | 添加并填写装船通知 | | | | |
| 39 | 发送装船通知 | | | | |
| 40 | 添加并填写“汇票” | 查看装船通知 | | | |
| 41 | 向出口地银行交单押汇 | 添加并填写“投保单” | | | |
| 42 | | 到保险公司投保 | | | 审单 |
| 43 | | | | | 发送进口地银行 |
| 44 | 到银行办理结汇 | | | 审单 | |
| 45 | 添加并填写“出口收汇核销单送审登记表” | | | 通知进口商取单 | |
| 46 | 到外管局办理核销 | 到银行付款 | | | |
| 47 | 到国税局办理出口退税 | 取回单据 | | | |
| 48 | | 到船公司换提货单 | | | |
| 49 | | 添加并填写“报检单” | | | |
| 50 | | 进口报检 | | | |
| 51 | | 添加并填写“报关单” | | | |
| 52 | | 进口报关 | | | |
| 53 | | 缴税 | | | |
| 54 | | 提货 | | | |
| 55 | | 添加并填写“进口付汇到货核销表” | | | |
| 56 | | 到外管局办理进口付汇核销 | | | |
| 57 | | 到消费市场销货 | | | |

## 项目二　L/C+FOB 履约步骤

| 序号 | 出口商 | 进口商 | 工厂 | 进口地银行 | 出口地银行 |
|---|---|---|---|---|---|
| 1 | 起草外销合同 | | | | |
| 2 | 添加并填写出口预算表 | | | | |
| 3 | 合同送进口商 | | | | |
| 4 | | 添加并填写进口预算表 | | | |
| 5 | | 签字并确认外销合同 | | | |
| 6 | | 到银行领取并填写“进口付汇核销单” | | | |
| 7 | | 添加并填写开证申请书 | | | |
| 8 | | 发送开证申请 | | | |
| 9 | | | | 根据申请书填写信用证 | |
| 10 | | | | 送进口商确认 | |
| 11 | | 对照合同查看信用证 | | | |
| 12 | | 同意信用证 | | | |
| 13 | | | | 通知出口地银行 | |
| 14 | | | | | 审核信用证 |
| 15 | | | | | 填写信用证通知书 |
| 16 | | | | | 通知出口商 |
| 17 | 对照合同审核信用证 | | | | |
| 18 | 接受信用证 | | | | |
| 19 | 起草国内购销合同 | 指定船公司 | | | |
| 20 | 合同送工厂 | | | | |
| 21 | | | 签字并确认购销合同 | | |
| 22 | | | 组织生产 | | |
| 23 | | | 放货给出口商 | | |

续表

| 序号 | 出口商 | 进口商 | 工厂 | 进口地银行 | 出口地银行 |
|---|---|---|---|---|---|
| 24 | | | 到国税局缴税 | | |
| 25 | 添加并填写“货物出运委托书” | | | | |
| 26 | 洽订舱位 | | | | |
| 27 | 添加并填写“报检单、商业发票、装箱单” | | | | |
| 28 | 出口报检 | | | | |
| 29 | 添加并填写产地证明书 | | | | |
| 30 | 到相关机构申请产地证 | | | | |
| 31 | 到外管局申领并填写“核销单” | | | | |
| 32 | 到海关办理核销单的口岸备案 | | | | |
| 33 | 添加并填写“报关单” | | | | |
| 34 | 送货到海关 | | | | |
| 35 | 出口报关，货物自动出运 | | | | |
| 36 | 到船公司取提单 | | | | |
| 37 | 添加并填写装船通知 | | | | |
| 38 | 发送装船通知 | | | | |
| 39 | 添加并填写“汇票” | 查看装船通知 | | | |
| 40 | 向出口地银行交单押汇 | 添加并填写“投保单” | | | |
| 41 | | 到保险公司投保 | | | 审单 |
| 42 | | | | | 发送进口地银行 |
| 43 | 到银行办理结汇 | | | 审单 | |

续表

| 序号 | 出口商 | 进口商 | 工厂 | 进口地银行 | 出口地银行 |
|---|---|---|---|---|---|
| 44 | 添加并填写“出口收汇核销单送审登记表” | | | 通知进口商取单 | |
| 45 | 到外管局办理核销 | 到银行付款 | | | |
| 46 | 到国税局办理出口退税 | 取回单据 | | | |
| 47 | | 到船公司换提货单 | | | |
| 48 | | 添加并填写“报检单” | | | |
| 49 | | 进口报检 | | | |
| 50 | | 添加并填写“报关单” | | | |
| 51 | | 进口报关 | | | |
| 52 | | 缴税 | | | |
| 53 | | 提货 | | | |
| 54 | | 添加并填写“进口付汇到货核销表” | | | |
| 55 | | 到外管局办理进口付汇核销 | | | |
| 56 | | 到消费市场销货 | | | |

## 项目三　D/P+CIF 履约步骤

| 序号 | 出口商 | 进口商 | 工厂 | 进口地银行 | 出口地银行 |
|---|---|---|---|---|---|
| 1 | 起草外销合同 | | | | |
| 2 | 添加并填写出口预算表 | | | | |
| 3 | 合同送进口商 | | | | |
| 4 | | 添加并填写进口预算表 | | | |
| 5 | | 签字并确认外销合同 | | | |
| 6 | 起草国内购销合同 | | | | |
| 7 | 合同送工厂 | | | | |

续表

| 序号 | 出口商 | 进口商 | 工厂 | 进口地银行 | 出口地银行 |
|---|---|---|---|---|---|
| 8 | | | 签字并确认购销合同 | | |
| 9 | | | 组织生产 | | |
| 10 | | | 放货给出口商 | | |
| 11 | | | 到国税局缴税 | | |
| 13 | 添加并填写“货物出运委托书” | | | | |
| 14 | 指定船公司 | | | | |
| 15 | 洽订舱位 | | | | |
| 16 | 添加并填写“报检单、商业发票、装箱单” | | | | |
| 17 | 出口报检 | | | | |
| 18 | 添加并填写产地证明书 | | | | |
| 19 | 到相关机构申请产地证 | | | | |
| 20 | 添加并填写“投保单” | | | | |
| 21 | 到保险公司投保 | | | | |
| 22 | 到外管局申领并填写“核销单” | | | | |
| 23 | 到海关办理核销单的口岸备案 | | | | |
| 24 | 添加并填写“报关单” | | | | |
| 25 | 送货到海关 | | | | |
| 26 | 出口报关，货物自动出运 | | | | |
| 27 | 到船公司取提单 | | | | |
| 28 | 添加并填写装船通知 | | | | |

续表

| 序号 | 出口商 | 进口商 | 工厂 | 进口地银行 | 出口地银行 |
|---|---|---|---|---|---|
| 29 | 发送装船通知 | | | | |
| 30 | 添加并填写“汇票” | | | | |
| 31 | 向出口地银行交单托收 | | | | |
| 32 | | | | | 审单 |
| 33 | | | | | 发送进口地银行 |
| 34 | | | | 审单 | |
| 35 | | | | 通知进口商取单 | |
| 36 | | 到银行领取并填写“进口付汇核销单” | | | |
| 37 | | 付款 | | | |
| 38 | 到银行办理结汇 | 取回单据 | | | |
| 39 | 添加并填写“出口收汇核销单送审登记表” | 到船公司换提货单 | | | |
| 40 | 到外管局办理核销 | 添加并填写“报检单” | | | |
| 41 | 到国税局办理出口退税 | 进口报检 | | | |
| 42 | | 添加并填写“报关单” | | | |
| 43 | | 进口报关 | | | |
| 44 | | 缴税 | | | |
| 45 | | 提货 | | | |
| 46 | | 添加并填写“进口付汇到货核销表” | | | |
| 47 | | 到外管局办理进口付汇核销 | | | |
| 48 | | 到消费市场销货 | | | |

## 项目四　D/P+CFR 履约步骤

| 序号 | 出口商 | 进口商 | 工厂 | 进口地银行 | 出口地银行 |
|---|---|---|---|---|---|
| 1 | 起草外销合同 | | | | |
| 2 | 添加并填写出口预算表 | | | | |
| 3 | 合同送进口商 | | | | |
| 4 | | 添加并填写进口预算表 | | | |
| 5 | | 签字并确认外销合同 | | | |
| 6 | 起草国内购销合同 | | | | |
| 7 | 合同送工厂 | | | | |
| 8 | | | 签字并确认购销合同 | | |
| 9 | | | 组织生产 | | |
| 10 | | | 放货给出口商 | | |
| 11 | | | 到国税局缴税 | | |
| 13 | 添加并填写“货物出运委托书” | | | | |
| 14 | 指定船公司 | | | | |
| 15 | 洽订舱位 | | | | |
| 16 | 添加并填写“报检单、商业发票、装箱单” | | | | |
| 17 | 出口报检 | | | | |
| 18 | 添加并填写产地证明书 | | | | |
| 19 | 到相关机构申请产地证 | | | | |
| 20 | 到外管局申领并填写“核销单” | | | | |
| 21 | 到海关办理核销单的口岸备案 | | | | |

续表

| 序号 | 出口商 | 进口商 | 工厂 | 进口地银行 | 出口地银行 |
|---|---|---|---|---|---|
| 22 | 添加并填写“报关单” | | | | |
| 23 | 送货到海关 | | | | |
| 24 | 出口报关，货物自动出运 | | | | |
| 25 | 到船公司取提单 | | | | |
| 26 | 添加并填写装船通知 | | | | |
| 27 | 发送装船通知 | | | | |
| 28 | 添加并填写“汇票” | 查看装船通知 | | | |
| 29 | 向出口地银行交单托收 | 添加并填写“投保单” | | | |
| 30 | | 到保险公司投保 | | | 审单 |
| 31 | | | | | 发送进口地银行 |
| 32 | | | | 审单 | |
| 33 | | | | 通知进口商取单 | |
| 34 | | 到银行领取并填写“进口付汇核销单” | | | |
| 35 | | 付款 | | | |
| 36 | 到银行办理结汇 | 赎单 | | | |
| 37 | 添加并填写“出口收汇核销单送审登记表” | 到船公司换提货单 | | | |
| 38 | 到外管局办理核销 | 添加并填写“报检单” | | | |
| 39 | 到国税局办理出口退税 | 进口报检 | | | |
| 40 | | 添加并填写“报关单” | | | |
| 41 | | 进口报关 | | | |
| 42 | | 缴税 | | | |
| 43 | | 提货 | | | |
| 44 | | 添加并填写“进口付汇到货核销表” | | | |

续表

| 序号 | 出口商 | 进口商 | 工厂 | 进口地银行 | 出口地银行 |
|---|---|---|---|---|---|
| 45 | | 到外管局办理进口付汇核销 | | | |
| 46 | | 到消费市场销货 | | | |

## 项目五　D/P+FOB 履约步骤

| 序号 | 出口商 | 进口商 | 工厂 | 进口地银行 | 出口地银行 |
|---|---|---|---|---|---|
| 1 | 起草外销合同 | | | | |
| 2 | 添加并填写出口预算表 | | | | |
| 3 | 合同送进口商 | | | | |
| 4 | | 添加并填写进口预算表 | | | |
| 5 | | 签字并确认外销合同 | | | |
| 6 | 起草国内购销合同 | 指定船公司 | | | |
| 7 | 合同送工厂 | | | | |
| 8 | | | 签字并确认购销合同 | | |
| 9 | | | 组织生产 | | |
| 10 | | | 放货给出口商 | | |
| 11 | | | 到国税局缴税 | | |
| 13 | 添加并填写“货物出运委托书” | | | | |
| 14 | 洽订舱位 | | | | |
| 15 | 添加并填写“报检单、商业发票、装箱单” | | | | |
| 16 | 出口报检 | | | | |
| 17 | 添加并填写产地证明书 | | | | |

续表

| 序号 | 出口商 | 进口商 | 工厂 | 进口地银行 | 出口地银行 |
|---|---|---|---|---|---|
| 18 | 到相关机构申请产地证 | | | | |
| 19 | 到外管局申领并填写“核销单” | | | | |
| 20 | 到海关办理核销单的口岸备案 | | | | |
| 21 | 添加并填写“报关单” | | | | |
| 22 | 送货到海关 | | | | |
| 23 | 出口报关，货物自动出运 | | | | |
| 24 | 到船公司取提单 | | | | |
| 25 | 添加并填写装船通知 | | | | |
| 26 | 发送装船通知 | | | | |
| 27 | 添加并填写“汇票” | 查看装船通知 | | | |
| 28 | 向出口地银行交单托收 | 添加并填写“投保单” | | | |
| 29 | | 到保险公司投保 | | | 审单 |
| 30 | | | | | 发送进口地银行 |
| 31 | | | | 审单 | |
| 32 | | | | 通知进口商取单 | |
| 33 | | 到银行领取并填写“进口付汇核销单” | | | |
| 34 | | 付款 | | | |
| 35 | 到银行办理结汇 | 取回单据 | | | |
| 36 | 添加并填写“出口收汇核销单送审登记表” | 到船公司换提货单 | | | |
| 37 | 到外管局办理核销 | 添加并填写“报检单” | | | |
| 38 | 到国税局办理出口退税 | 进口报检 | | | |

续表

| 序号 | 出口商 | 进口商 | 工厂 | 进口地银行 | 出口地银行 |
|---|---|---|---|---|---|
| 39 | | 添加并填写“报关单” | | | |
| 40 | | 进口报关 | | | |
| 41 | | 缴税 | | | |
| 42 | | 提货 | | | |
| 43 | | 添加并填写“进口付汇到货核销表” | | | |
| 44 | | 到外管局办理进口付汇核销 | | | |
| 45 | | 到消费市场销货 | | | |

## 项目六　D/A+CIF 履约步骤

| 序号 | 出口商 | 进口商 | 工厂 | 进口地银行 | 出口地银行 |
|---|---|---|---|---|---|
| 1 | 起草外销合同 | | | | |
| 2 | 添加并填写出口预算表 | | | | |
| 3 | 合同送进口商 | | | | |
| 4 | | 添加并填写进口预算表 | | | |
| 5 | | 签字并确认外销合同 | | | |
| 6 | 起草国内购销合同 | | | | |
| 7 | 合同送工厂 | | | | |
| 8 | | | 签字并确认购销合同 | | |
| 9 | | | 组织生产 | | |
| 10 | | | 放货给出口商 | | |
| 11 | | | 到国税局缴税 | | |
| 13 | 添加并填写“货物出运委托书” | | | | |
| 14 | 指定船公司 | | | | |

续表

| 序号 | 出口商 | 进口商 | 工厂 | 进口地银行 | 出口地银行 |
|---|---|---|---|---|---|
| 15 | 洽订舱位 | | | | |
| 16 | 添加并填写“报检单、商业发票、装箱单” | | | | |
| 17 | 出口报检 | | | | |
| 18 | 添加并填写产地证明书 | | | | |
| 19 | 到相关机构申请产地证 | | | | |
| 20 | 添加并填写“投保单” | | | | |
| 21 | 到保险公司投保 | | | | |
| 22 | 到外管局申领并填写“核销单” | | | | |
| 23 | 到海关办理核销单的口岸备案 | | | | |
| 24 | 添加并填写“报关单” | | | | |
| 25 | 送货到海关 | | | | |
| 26 | 出口报关，货物自动出运 | | | | |
| 27 | 到船公司取提单 | | | | |
| 28 | 添加并填写装船通知 | | | | |
| 29 | 发送装船通知 | | | | |
| 30 | 添加并填写“汇票” | | | | |
| 31 | 向出口地银行交单托收 | | | | |
| 32 | | | | | 审单 |
| 33 | | | | | 发送进口地银行 |
| 34 | | | | 审单 | |
| 35 | | | | 通知进口商取单 | |
| 36 | | 承兑汇票 | | | |

续表

| 序号 | 出口商 | 进口商 | 工厂 | 进口地银行 | 出口地银行 |
|---|---|---|---|---|---|
| 37 | | 取回单据 | | | |
| 38 | | 到船公司换提货单 | | | |
| 39 | | 添加并填写“报检单” | | | |
| 40 | | 进口报检 | | | |
| 41 | | 添加并填写“报关单” | | | |
| 42 | | 进口报关 | | | |
| 43 | | 缴税 | | | |
| 44 | | 提货 | | | |
| 45 | | 到消费市场销货 | | | |
| 46 | | 到银行领取并填写“进口付汇核销单” | | | |
| 47 | | 汇票到期时付款 | | | |
| 48 | | 添加并填写“进口付汇到货核销表” | | | |
| 49 | | 到外管局办理进口付汇核销 | | | |
| 50 | 到银行办理结汇 | | | | |
| 51 | 添加并填写“出口收汇核销单送审登记表” | | | | |
| 52 | 到外管局办理核销 | | | | |
| 53 | 到国税局办理出口退税 | | | | |

## 项目七　D/A+CFR 履约步骤

| 序号 | 出口商 | 进口商 | 工厂 | 进口地银行 | 出口地银行 |
|---|---|---|---|---|---|
| 1 | 起草外销合同 | | | | |
| 2 | 添加并填写出口预算表 | | | | |
| 3 | 合同送进口商 | | | | |

续表

| 序号 | 出口商 | 进口商 | 工厂 | 进口地银行 | 出口地银行 |
|---|---|---|---|---|---|
| 4 | | 添加并填写进口预算表 | | | |
| 5 | | 签字并确认外销合同 | | | |
| 6 | 起草国内购销合同 | | | | |
| 7 | 合同送工厂 | | | | |
| 8 | | | 签字并确认购销合同 | | |
| 9 | | | 组织生产 | | |
| 10 | | | 放货给出口商 | | |
| 11 | | | 到国税局缴税 | | |
| 13 | 添加并填写“货物出运委托书” | | | | |
| 14 | 指定船公司 | | | | |
| 15 | 洽订舱位 | | | | |
| 16 | 添加并填写“报检单、商业发票、装箱单” | | | | |
| 17 | 出口报检 | | | | |
| 18 | 添加并填写产地证明书 | | | | |
| 19 | 到相关机构申请产地证 | | | | |
| 20 | 到外管局申领并填写“核销单” | | | | |
| 21 | 到海关办理核销单的口岸备案 | | | | |
| 22 | 添加并填写“报关单” | | | | |
| 23 | 送货到海关 | | | | |
| 24 | 出口报关，货物自动出运 | | | | |

续表

| 序号 | 出口商 | 进口商 | 工厂 | 进口地银行 | 出口地银行 |
| --- | --- | --- | --- | --- | --- |
| 25 | 到船公司取提单 | | | | |
| 26 | 添加并填写装船通知 | | | | |
| 27 | 发送装船通知 | | | | |
| 28 | 添加并填写“汇票” | 查看装船通知 | | | |
| 29 | 向出口地银行交单托收 | 添加并填写“投保单” | | | |
| 30 | | 到保险公司投保 | | | 审单 |
| 31 | | | | | 发送进口地银行 |
| 32 | | | | 审单 | |
| 33 | | | | 通知进口商取单 | |
| 34 | | 承兑汇票 | | | |
| 35 | | 取回单据 | | | |
| 36 | | 到船公司换提货单 | | | |
| 37 | | 添加并填写“报检单” | | | |
| 38 | | 进口报检 | | | |
| 39 | | 添加并填写“报关单” | | | |
| 40 | | 进口报关 | | | |
| 41 | | 缴税 | | | |
| 42 | | 提货 | | | |
| 43 | | 到消费市场销货 | | | |
| 44 | | 到银行领取并填写“进口付汇核销单” | | | |
| 45 | | 汇票到期时付款 | | | |
| 46 | | 添加并填写“进口付汇到货核销表” | | | |
| 47 | | 到外管局办理进口付汇核销 | | | |
| 48 | 到银行办理结汇 | | | | |

续表

| 序号 | 出口商 | 进口商 | 工厂 | 进口地银行 | 出口地银行 |
|---|---|---|---|---|---|
| 49 | 添加并填写“出口收汇核销单送审登记表” | | | | |
| 50 | 到外管局办理核销 | | | | |
| 51 | 到国税局办理出口退税 | | | | |

## 项目八 D/A+FOB 履约步骤

| 序号 | 出口商 | 进口商 | 工厂 | 进口地银行 | 出口地银行 |
|---|---|---|---|---|---|
| 1 | 起草外销合同 | | | | |
| 2 | 添加并填写出口预算表 | | | | |
| 3 | 合同送进口商 | | | | |
| 4 | | 添加并填写进口预算表 | | | |
| 5 | | 签字并确认外销合同 | | | |
| 6 | 起草国内购销合同 | 指定船公司 | | | |
| 7 | 合同送工厂 | | | | |
| 8 | | | 签字并确认购销合同 | | |
| 9 | | | 组织生产 | | |
| 10 | | | 放货给出口商 | | |
| 11 | | | 到国税局缴税 | | |
| 13 | 添加并填写“货物出运委托书” | | | | |
| 14 | 洽订舱位 | | | | |
| 15 | 添加并填写“报检单、商业发票、装箱单” | | | | |
| 16 | 出口报检 | | | | |

续表

| 序号 | 出口商 | 进口商 | 工厂 | 进口地银行 | 出口地银行 |
|---|---|---|---|---|---|
| 17 | 添加并填写产地证明书 | | | | |
| 18 | 到相关机构申请产地证 | | | | |
| 19 | 到外管局申领并填写“核销单” | | | | |
| 20 | 到海关办理核销单的口岸备案 | | | | |
| 21 | 添加并填写“报关单” | | | | |
| 22 | 送货到海关 | | | | |
| 23 | 出口报关，货物自动出运 | | | | |
| 24 | 到船公司取提单 | | | | |
| 25 | 添加并填写装船通知 | | | | |
| 26 | 发送装船通知 | | | | |
| 27 | 添加并填写“汇票” | 查看装船通知 | | | |
| 28 | 向出口地银行交单托收 | 添加并填写“投保单” | | | |
| 29 | | 到保险公司投保 | | | 审单 |
| 30 | | | | | 发送进口地银行 |
| 31 | | | | 审单 | |
| 32 | | | | 通知进口商取单 | |
| 33 | | 承兑汇票 | | | |
| 34 | | 取回单据 | | | |
| 35 | | 到船公司换提货单 | | | |
| 36 | | 添加并填写“报检单” | | | |
| 37 | | 进口报检 | | | |
| 38 | | 添加并填写“报关单” | | | |
| 39 | | 进口报关 | | | |

续表

| 序号 | 出口商 | 进口商 | 工厂 | 进口地银行 | 出口地银行 |
|---|---|---|---|---|---|
| 40 | | 缴税 | | | |
| 41 | | 提货 | | | |
| 42 | | 到消费市场销货 | | | |
| 43 | | 到银行领取并填写“进口付汇核销单” | | | |
| 44 | | 汇票到期时付款 | | | |
| 45 | | 添加并填写“进口付汇到货核销表” | | | |
| 46 | | 到外管局办理进口付汇核销 | | | |
| 47 | 到银行办理结汇 | | | | |
| 48 | 添加并填写“出口收汇核销单送审登记表” | | | | |
| 49 | 到外管局办理核销 | | | | |
| 50 | 到国税局办理出口退税 | | | | |

## 项目九　T/T+CIF 履约步骤

| 序号 | 出口商 | 进口商 | 工厂 | 进口地银行 | 出口地银行 |
|---|---|---|---|---|---|
| 1 | 起草外销合同 | | | | |
| 2 | 添加并填写出口预算表 | | | | |
| 3 | 合同送进口商 | | | | |
| 4 | | 添加并填写进口预算表 | | | |
| 5 | | 签字并确认外销合同 | | | |
| 6 | 起草国内购销合同 | | | | |
| 7 | 合同送工厂 | | | | |

续表

| 序号 | 出口商 | 进口商 | 工厂 | 进口地银行 | 出口地银行 |
|---|---|---|---|---|---|
| 8 | | | 签字并确认购销合同 | | |
| 9 | | | 组织生产 | | |
| 10 | | | 放货给出口商 | | |
| 11 | | | 到国税局缴税 | | |
| 13 | 添加并填写“货物出运委托书” | | | | |
| 14 | 指定船公司 | | | | |
| 15 | 洽订舱位 | | | | |
| 16 | 添加并填写“报检单、商业发票、装箱单” | | | | |
| 17 | 出口报检 | | | | |
| 18 | 添加并填写产地证明书 | | | | |
| 19 | 到相关机构申请产地证 | | | | |
| 20 | 添加并填写“投保单” | | | | |
| 21 | 到保险公司投保 | | | | |
| 22 | 到外管局申领并填写“核销单” | | | | |
| 23 | 到海关办理核销单的口岸备案 | | | | |
| 24 | 添加并填写“报关单” | | | | |
| 25 | 送货到海关 | | | | |
| 26 | 出口报关，货物自动出运 | | | | |
| 27 | 到船公司取提单 | | | | |
| 28 | 添加并填写装船通知 | | | | |

续表

| 序号 | 出口商 | 进口商 | 工厂 | 进口地银行 | 出口地银行 |
|---|---|---|---|---|---|
| 29 | 发送装船通知 | | | | |
| 30 | 将货运相关单据送进口商 | | | | |
| 31 | | 查收单据 | | | |
| 32 | | 到银行领取并填写“进口付汇核销单” | | | |
| 33 | | 付款 | | | |
| 34 | 到银行办理结汇 | 到船公司换提货单 | | | |
| 35 | 添加并填写“出口收汇核销单送审登记表” | 添加并填写“报检单” | | | |
| 36 | 到外管局办理核销 | 进口报检 | | | |
| 37 | 到国税局办理出口退税 | 添加并填写“报关单” | | | |
| 38 | | 进口报关 | | | |
| 39 | | 缴税 | | | |
| 40 | | 提货 | | | |
| 41 | | 添加并填写“进口付汇到货核销表” | | | |
| 42 | | 到外管局办理进口付汇核销 | | | |
| 43 | | 到消费市场销货 | | | |

## 项目十　T/T+CFR 履约步骤

| 序号 | 出口商 | 进口商 | 工厂 | 进口地银行 | 出口地银行 |
|---|---|---|---|---|---|
| 1 | 起草外销合同 | | | | |
| 2 | 添加并填写出口预算表 | | | | |
| 3 | 合同送进口商 | | | | |
| 4 | | 添加并填写进口预算表 | | | |

续表

| 序号 | 出口商 | 进口商 | 工厂 | 进口地银行 | 出口地银行 |
|---|---|---|---|---|---|
| 5 | | 签字并确认外销合同 | | | |
| 6 | 起草国内购销合同 | | | | |
| 7 | 合同送工厂 | | | | |
| 8 | | | 签字并确认购销合同 | | |
| 9 | | | 组织生产 | | |
| 10 | | | 放货给出口商 | | |
| 11 | | | 到国税局缴税 | | |
| 13 | 添加并填写“货物出运委托书” | | | | |
| 14 | 指定船公司 | | | | |
| 15 | 洽订舱位 | | | | |
| 16 | 添加并填写“报检单、商业发票、装箱单” | | | | |
| 17 | 出口报检 | | | | |
| 18 | 添加并填写产地证明书 | | | | |
| 19 | 到相关机构申请产地证 | | | | |
| 20 | 到外管局申领并填写“核销单” | | | | |
| 21 | 到海关办理核销单的口岸备案 | | | | |
| 22 | 添加并填写“报关单” | | | | |
| 23 | 送货到海关 | | | | |
| 24 | 出口报关，货物自动出运 | | | | |
| 25 | 到船公司取提单 | | | | |

续表

| 序号 | 出口商 | 进口商 | 工厂 | 进口地银行 | 出口地银行 |
|---|---|---|---|---|---|
| 26 | 添加并填写装船通知 | | | | |
| 27 | 发送装船通知 | | | | |
| 28 | 将货运相关单据送进口商 | 查看装船通知 | | | |
| 29 | | 添加并填写“投保单” | | | |
| 30 | | 到保险公司投保 | | | |
| 31 | | 查收单据 | | | |
| 32 | | 到银行领取并填写“进口付汇核销单” | | | |
| 33 | | 付款 | | | |
| 34 | 到银行办理结汇 | 到船公司换提货单 | | | |
| 35 | 添加并填写“出口收汇核销单送审登记表” | 添加并填写“报检单” | | | |
| 36 | 到外管局办理核销 | 进口报检 | | | |
| 37 | 到国税局办理出口退税 | 添加并填写“报关单” | | | |
| 38 | | 进口报关 | | | |
| 39 | | 缴税 | | | |
| 40 | | 提货 | | | |
| 41 | | 添加并填写“进口付汇到货核销表” | | | |
| 42 | | 到外管局办理进口付汇核销 | | | |
| 43 | | 到消费市场销货 | | | |

## 项目十一　T/T+FOB 履约步骤

| 序号 | 出口商 | 进口商 | 工厂 | 进口地银行 | 出口地银行 |
|---|---|---|---|---|---|
| 1 | 起草外销合同 | | | | |

续表

| 序号 | 出口商 | 进口商 | 工厂 | 进口地银行 | 出口地银行 |
|---|---|---|---|---|---|
| 2 | 添加并填写出口预算表 | | | | |
| 3 | 合同送进口商 | | | | |
| 4 | | 添加并填写进口预算表 | | | |
| 5 | | 签字并确认外销合同 | | | |
| 6 | 起草国内购销合同 | 指定船公司 | | | |
| 7 | 合同送工厂 | | | | |
| 8 | | | 签字并确认购销合同 | | |
| 9 | | | 组织生产 | | |
| 10 | | | 放货给出口商 | | |
| 11 | | | 到国税局缴税 | | |
| 13 | 添加并填写“货物出运委托书” | | | | |
| 14 | 洽订舱位 | | | | |
| 15 | 添加并填写“报检单、商业发票、装箱单” | | | | |
| 16 | 出口报检 | | | | |
| 17 | 添加并填写产地证明书 | | | | |
| 18 | 到相关机构申请产地证 | | | | |
| 19 | 到外管局申领并填写“核销单” | | | | |
| 20 | 到海关办理核销单的口岸备案 | | | | |
| 21 | 添加并填写“报关单” | | | | |
| 22 | 送货到海关 | | | | |

续表

| 序号 | 出口商 | 进口商 | 工厂 | 进口地银行 | 出口地银行 |
|---|---|---|---|---|---|
| 23 | 出口报关，货物自动出运 | | | | |
| 24 | 到船公司取提单 | | | | |
| 25 | 添加并填写装船通知 | | | | |
| 26 | 发送装船通知 | | | | |
| 27 | 将货运相关单据送进口商 | 查看装船通知 | | | |
| 28 | | 添加并填写“投保单” | | | |
| 29 | | 到保险公司投保 | | | |
| 30 | | 查收单据 | | | |
| 31 | | 到银行领取并填写“进口付汇核销单” | | | |
| 32 | | 付款 | | | |
| 33 | 到银行办理结汇 | 到船公司换提货单 | | | |
| 34 | 添加并填写“出口收汇核销单送审登记表” | 添加并填写“报检单” | | | |
| 35 | 到外管局办理核销 | 进口报检 | | | |
| 36 | 到国税局办理出口退税 | 添加并填写“报关单” | | | |
| 37 | | 进口报关 | | | |
| 38 | | 缴税 | | | |
| 39 | | 提货 | | | |
| 40 | | 添加并填写“进口付汇到货核销表” | | | |
| 41 | | 到外管局办理进口付汇核销 | | | |
| 42 | | 到消费市场销货 | | | |

# 附 录

## 附录一 联合国国际货物销售合同公约

# 联合国国际货物销售合同公约

（1980 年 4 月 11 日订于维也纳）

本公约各缔约国，铭记联合国大会第六届特别会议通过的关于建立新的国际经济秩序的各项决议的广泛目标，考虑到在平等互利基础上发展国际贸易是促进各国间友好关系的一个重要因素，认为采用照顾到不同的社会、经济和法律制度的国际货物销售合同统一规则，将有助于减少国际贸易的法律障碍，促进国际贸易的发展，兹协议如下：

## 第一部分 适用范围和总则

### 第一章 适用范围

**第一条**

（1）本公约适用于营业地在不同国家的当事人之间所订立的货物销售合同：

（a）如果这些国家是缔约国；或

（b）如果国际私法规则导致适用某一缔约国的法律。

（2）当事人营业地在不同国家的事实，如果从合同或从订立合同前任何时候或订立合同时，当事人之间的任何交易或当事人透露的情报均看不出，应不予考虑。

（3）在确定本公约的适用时，当事人的国籍和当事人或合同的民事或商业性质，应不予考虑。

**第二条**

本公约不适用于以下的销售：

（a）购供私人、家人或家庭使用的货物的销售，除非卖方在订立合同前任何时候或订立合同时不知道而且没有理由知道这些货物是购供任何这种使用；

（b）经由拍卖的销售；

（c）根据法律执行令状或其他令状的销售；

（d）公债、股票、投资证券、流通票据或货币的销售；

（e）船舶、船只、气垫船或飞机的销售；

（f）电力的销售。

**第三条**

（1）供应尚待制造或生产的货物的合同应视为销售合同，除非订购货物的当事人保证供应这种制造或生产所需的大部分重要材料。

（2）本公约不适用于供应货物一方的绝大部分义务在于供应劳力或其他服务的合同。

**第四条**

本公约只适用于销售合同的订立和卖方和买方因此种合同而产生的权利和义务。特别是，本公约除非另有明文规定，与以下事项无关：

（a）合同的效力，或其任何条款的效力，或任何惯例的效力；

（b）合同对所售货物所有权可能产生的影响。

**第五条**

本公约不适用于卖方对于货物对任何人所造成的死亡或伤害的责任。

**第六条**

双方当事人可以不适用本公约，或在第十二条的条件下，减损本公约的任何规定或改变其效力。

## 第二章　总则

**第七条**

（1）在解释本公约时，应考虑到本公约的国际性质和促进其适用的统一以及在国际贸易上遵守诚信的需要。

（2）凡本公约未明确解决的属于本公约范围的问题，应按照本公约所依据的一般原则来解决，在没有一般原则的情况下，则应按照国际私法规定适用的法律来解决。

**第八条**

（1）为本公约的目的，一方当事人所作的声明和其他行为，应依照他的意旨解释——如果另一方当事人已知道或者不可能不知道此一意旨。

（2）如果上一款的规定不适用，当事人所作的声明和其他行为，应按照一个与另一方当事人同等资格、通情达理的人处于相同情况中，应有的理解来解释。

（3）在确定一方当事人的意旨或一个通情达理的人应有的理解时，应适当地考虑到与事实有关的一切情况，包括谈判情形、当事人之间确立的任何习惯作法、惯例和当事人其后的任何行为。

**第九条**

（1）双方当事人业已同意的任何惯例和他们之间确立的任何习惯做法，对双方当事人均有约束力。

（2）除非另有协议，双方当事人应视为已默示地同意对他们的合同或合同的订立适用双方当事人已知道或理应知道的惯例，而这种惯例，在国际贸易上，已为有关特定贸易所涉同类合同的当事人所广泛知道并为他们所经常遵守。

**第十条**

为本公约的目的：

（a）如果当事人有一个以上的营业地，则以与合同及合同的履行关系最密切的营业地为其营业地，但要考虑到双方当事人在订立合同前任何时候或订立合同时所知道或所设想的情况；

（b）如果当事人没有营业地，则以其惯常居住地为准。

**第十一条**

销售合同无须以书面订立或书面证明，在形式方面也不受任何其他条件的限制。销售合同可以用包括人证在内的任何方法证明。

**第十二条**

本公约第十一条、第二十九条或第二部分准许销售合同或其更改或根据协议终止，或者任何发价、接受或其他意旨表示得以书面以外任何形式做出的任何规定不适用，如果任何一方当事人的营业地是在已按照本公约第九十六条做出了声明的一个缔约国内，各当事人不得减损本条或改变其效力。

**第十三条**

为本公约的目的，“书面”包括电报和电传。

## 第二部分　合同的订立

**第十四条**

（1）向一个或一个以上特定的人提出的订立合同的建议，如果十分确定并且表明发价人在得到接受时承受约束的意旨，即构成发价。一个建议如果写明货物并且明示或暗示地规定数量和价格或规定如何确定数量和价格，即为十分确定。

（2）非向一个或一个以上特定的人提出的建议，仅应视为邀请做出发价，除非提出建议的人明确地表示相反的意向。

**第十五条**

（1）发价于送达被发价人时生效。

（2）一项发价，即使是不可撤销的，得予撤回——如果撤回通知于发价送达被发价人之前或同时送达被发价人。

**第十六条**

（1）在未订立合同之前，发价得予撤销，如果撤销通知于被发价人发出接受通知之前送达被发价人。

（2）但在下列情况下，发价不得撤销：

（a）发价写明接受发价的期限或以其他方式表示发价是不可撤销的；或

（b）被发价人有理由信赖该项发价是不可撤销的，而且被发价人已本着对该项发价的信赖行事。

**第十七条**

一项发价，即使是不可撤销的，于拒绝通知送达发价人时终止。

**第十八条**

（1）被发价人声明或做出其他行为表示同意一项发价，即是接受，缄默或不行动本身不等于接受。

（2）接受发价于表示同意的通知送达发价人时生效——如果表示同意的通知在发价人所规定的时间内；如未规定时间，在一段合理的时间内，未曾送达发价人，接受就成为无效，但须适当地考虑到交易的情况，包括发价人所使用的通信方法的迅速程度。对口头发价必须立即接受，但情况有别者不在此限。

（3）但是，如果根据该项发价或依照当事人之间确立的习惯做法和惯例，被发价人可以做出某种行为，例如与发运货物或支付价款有关的行为来表示同意，而无须向发价人发出通知，则接受于该项行为做出时生效，但该项行为必须在上一款所规定的期间内做出。

**第十九条**

（1）对发价表示接受但载有添加、限制或其他更改的答复，即为拒绝该项发价，并构成还价。

（2）但是，对发价表示接受但载有添加或不同条件的答复，如所载的添加或不同条件在实质上并不变更该项发价的条件，除发价人在不过分迟延的期间内以口头或书面通知反对其间的差异外，仍构成接受。如果发价人不做出这种反对，合同的条件就以该项发价的条件以及接受通知内所载的更改为准。

（3）有关货物价格、付款、货物质量和数量、交货地点和时间、一方当事人对另一方当事人的赔偿责任范围或解决争端等等的添加或不同条件，均视为在实质上变更发价的条件。

**第二十条**

（1）发价人在电报或信件内规定的接受期间，从电报交发时刻或信上载明的发信日期起算，如信上未载明发信日期，则从信封上所载日期起算。发价人以电话、电传或其他快速通讯方法规定的接受期间，从发价送达被发价人时起算。

（2）在计算接受期间时，接受期间内的正式假日或非营业日应计算在内。但是，如果接受通知在接受期间的最后 1 天未能送到发价人地址，因为那天在发价人营业地是正式假日或非营业日，则接受期间应顺延至下一个营业日。

**第二十一条**

（1）逾期接受仍有接受的效力，如果发价人毫不迟延地用口头或书面将此种意见通知被发价人。

（2）如果载有逾期接受的信件或其他书面文件表明，它是在传递正常、能及时送达发价人的情况下寄发的，则该项逾期接受具有接受的效力，除非发价人毫不迟延地用口头或书面通知被发价人：他认为他的发价已经失效。

**第二十二条**

接受得予撤回，如果撤回通知于接受原应生效之前或同时，送达发价人。

**第二十三条**

合同于按照本公约规定对发价的接受生效时订立。

**第二十四条**

为公约本部分的目的，发价、接受声明或任何其他意旨表示“送达”对方，系指用口头通知对方或通过任何其他方法送交对方本人，或其营业地或通讯地址，如无营业地或通讯地址，则送交对方惯常居住地。

## 第三部分　货物销售

### 第一章　总则

**第二十五条**

一方当事人违反合同的结果，如使另一方当事人蒙受损害，以致实际上剥夺了他根据合同规定有权期待得到的东西，即为根本违反合同，除非违反合同一方并不预知而且一个同等资格、通情达理的人处于相同情况中也没有理由预知会发生这种结果。

**第二十六条**

宣告合同无效的声明，必须向另一方当事人发出通知，方始有效。

**第二十七条**

除非公约本部分另有明文规定，当事人按照本部分的规定，以适合情况的方法发出任何通知、要求或其他通知后，这种通知如在传递上发生耽搁或错误，或者未能到达，并不使该当事人丧失依靠该项通知的权利。

**第二十八条**

如果按照本公约的规定，一方当事人有权要求另一方当事人履行某一义务，法院没有义务做出判决，要求具体履行此一义务，除非法院依照其本身的法律对不属本公约范围的类似销售合同愿意这样做。

**第二十九条**

(1) 合同只需双方当事人协议，就可更改或终止。

(2) 规定任何更改或根据协议终止必须以书面做出的书面合同，不得以任何其他方式更改或根据协议终止。但是，一方当事人的行为，如经另一方当事人寄以信赖，就不得坚持此项规定。

## 第二章　卖方的义务

**第三十条**

卖方必须按照合同和本公约的规定，交付货物，移交一切与货物有关的单据并转移货物所有权。

### 第一节　交付货物和移交单据

**第三十一条**

如果卖方没有义务要在任何其他特定地点交付货物，他的交货义务如下：

(a) 如果销售合同涉及货物的运输，卖方应把货物移交给第一承运人，以运交给买方；

(b) 在不属于上款规定的情况下，如果合同指的是特定货物或从特定存货中提取的或尚待制造或生产的未经特定化的货物，而双方当事人在订立合同时已知道这些货物是在某一特定地点，或将在某一特定地点制造或生产，卖方应在该地点把货物交给买方处置；

(c) 在其他情况下，卖方应在他于订立合同时的营业地把货物交给买方处置。

**第三十二条**

(1) 如果卖方按照合同或本公约的规定将货物交付给承运人，但货物没有以货物上加标记、或以装运单据或其他方式清楚地注明有关合同，卖方必须向买方发出列明货物的发货通知。

(2) 如果卖方有义务安排货物的运输，他必须订立必要的合同，以按照通常运输条件，用适合情况的运输工具，把货物运到指定地点。

(3) 如果卖方没有义务对货物的运输办理保险，他必须在买方提出要求时，向买方提供一切现有的必要资料，使他能够办理这种保险。

**第三十三条**

卖方必须按以下规定的日期交付货物：

（a）如果合同规定有日期，或从合同可以确定日期，应在该日期交货；

（b）如果合同规定有一段时间，或从合同可以确定一段时间，除非情况表明应由买方选定一个日期外，应在该段时间内任何时候交货；或者

（c）在其他情况下，应在订立合同后一段合理时间内交货。

**第三十四条**

如果卖方有义务移交与货物有关的单据，他必须按照合同所规定的时间、地点和方式移交这些单据。如果卖方在那个时间以前已移交这些单据，他可以在那个时间到达前纠正单据中任何不符合同规定的情形，但是，此一权利的行使不得使买方遭受不合理的不便或承担不合理的开支。但是，买方保留本公约所规定的要求损害赔偿的任何权利。

## 第二节　货物相符与第三方要求

**第三十五条**

（1）卖方交付的货物必须与合同所规定的数量、质量和规格相符，并须按照合同所规定的方式装箱或包装。

（2）除双方当事人业已另有协议外，货物除非符合以下规定，否则即为与合同不符：

（a）货物适用于同一规格货物通常使用的目的；

（b）货物适用于订立合同时曾明示或默示地通知卖方的任何特定目的，除非情况表明买方并不依赖卖方的技能和判断力，或者这种依赖对他是不合理的；

（c）货物的质量与卖方向买方提供的货物样品或样式相同；

（d）货物按照同类货物通用的方式装箱或包装，如果没有此种通用方式，则按照足以保全和保护货物的方式装箱或包装。

（3）如果买方在订立合同时知道或者不可能不知道货物不符合同，卖方就无须按上一款（a）项至（d）项负有此种不符合同的责任。

**第三十六条**

（1）卖方应按照合同和本公约的规定，对风险移转到买方时所存在的任何不符合同情形，负有责任，即使这种不符合同情形在该时间后方始明显。

（2）卖方对在上一款所述时间后发生的任何不符合同情形，也应负有责任，如果这种不符合同情形是由于卖方违反他的某项义务所致，包括违反关于在一段时间内货物将继续适用于其通常使用的目的或某种特定目的，或将保持某种特定质量或性质的任何保证。

**第三十七条**

如果卖方在交货日期前交付货物，他可以在那个日期到达前，交付任何缺漏部分或补足所交付货物的不足数量，或交付用以替换所交付不符合同规定的货物，或对所交付货物中任何不符合同规定的情形做出补救，但是，此一权利的行使不得使买方遭受不合理的不便或承担不合理的开支。但是，买方保留本公约所规定的要求损害赔偿的任何权利。

**第三十八条**

（1）买方必须在按情况实际可行的最短时间内检验货物或由他人检验货物。

（2）如果合同涉及货物的运输，检验可推迟到货物到达目的地后进行。

（3）如果货物在运输途中改运或买方须再发运货物，没有合理机会加以检验，而卖方在订立合同时已知道或理应知道这种改运或再发运的可能性，检验可推迟到货物到达新目的地后进行。

**第三十九条**

（1）买方对货物不符合同，必须在发现或理应发现不符情形后一段合理时间内通知卖方，说明不符合同情形的性质，否则就丧失声称货物不符合同的权利。

（2）无论如何，如果买方不在实际收到货物之日起两年内将货物不符合同情形通知卖方，他就丧失声称货物不符合同的权利，除非这一时限与合同规定的保证期限不符。

**第四十条**

如果货物不符合同规定指的是卖方已知道或不可能不知道而又没有告知买方的一些事实，则卖方无权援引第三十八条和第三十九条的规定。

**第四十一条**

卖方所交付的货物，必须是第三方不能提出任何权利或要求的货物，除非买方同意在这种权利或要求的条件下，收取货物。但是，如果这种权利或要求是以工业产权或其他知识产权为基础的，卖方的义务应依照第四十二条的规定。

**第四十二条**

（1）卖方所交付的货物，必须是第三方不能根据工业产权或其他知识产权主张任何权利或要求的货物，但以卖方在订立合同时已知道或不可能不知道的权利或要求为限，而且这种权利或要求根据以下国家的法律规定是以工业产权或其他知识产权为基础的：

（a）如果双方当事人在订立合同时预期货物将在某一国境内转售或做其他使用，则根据货物将在其境内转售或做其他使用的国家的法律；或者

（b）在任何其他情况下，根据买方营业地所在国家的法律。

（2）卖方在上一款中的义务不适用于以下情况：

（a）买方在订立合同时已知道或不可能不知道此项权利或要求；或者

（b）此项权利或要求的发生，是由于卖方要遵照买方所提供的技术图样、图案、程式或其他规格。

**第四十三条**

（1）买方如果不在已知道或理应知道第三方的权利或要求后一段合理时间内，将此一权利或要求的性质通知卖方，就丧失援引第四十一条或第四十二条规定的权利。

（2）卖方如果知道第三方的权利或要求以及此一权利或要求的性质，就无权援引上一款的规定。

**第四十四条**

尽管有第三十九条第（1）款和第四十三条第（1）款的规定，买方如果对他未发出所需的通知具备合理的理由，仍可按照第五十条规定减低价格，或要求利润损失以外的损害赔偿。

## 第三节　卖方违反合同的补救办法

**第四十五条**

（1）如果卖方不履行他在合同和本公约中的任何义务，买方可以：

（a）行使第四十六条至第五十二条所规定的权利；

（b）按照第七十四条至第七十七条的规定，要求损害赔偿。

（2）买方可能享有的要求损害赔偿的任何权利，不因他行使采取其他补

救办法的权利而丧失。

（3）如果买方对违反合同采取某种补救办法，法院或仲裁庭不得给予卖方宽限期。

**第四十六条**

（1）买方可以要求卖方履行义务，除非买方已采取与此一要求相抵触的某种补救办法。

（2）如果货物不符合同，买方只有在此种不符合同情形构成根本违反合同时，才可以要求交付替代货物，而且关于替代货物的要求，必须与依照第三十九条发出的通知同时提出，或者在该项通知发出后一段合理时间内提出。

（3）如果货物不符合同，买方可以要求卖方通过修理对不符合同之处做出补救，除非他考虑了所有情况之后，认为这样做是不合理的。修理的要求必须与依照第三十九条发出的通知同时提出，或者在该项通知发出后一段合理时间内提出。

**第四十七条**

（1）买方可以规定一段合理时限的额外时间，让卖方履行其义务。

（2）除非买方收到卖方的通知，声称他将不在所规定的时间内履行义务，买方在这段时间内不得对违反合同采取任何补救办法。但是，买方并不因此丧失他对迟延履行义务可能享有的要求损害赔偿的任何权利。

**第四十八条**

（1）在第四十九条的条件下，卖方即使在交货日期之后，仍可自付费用，对任何不履行义务做出补救，但这种补救不得造成不合理的迟延，也不得使买方遭受不合理的不便，或无法确定卖方是否将偿付买方预付的费用。但是，买方保留本公约所规定的要求损害赔偿的任何权利。

（2）如果卖方要求买方表明他是否接受卖方履行义务，而买方不在一段合理时间内对此一要求做出答复，则卖方可以按其要求中所指明的时间履行义务。买方不得在该段时间内采取与卖方履行义务相抵触的任何补救办法。

（3）卖方表明他将在某一特定时间内履行义务的通知，应视为包括根据上一款规定要买方表明决定的要求在内。

（4）卖方按照本条第（2）和第（3）款做出的要求或通知，必须在买方收到后，始生效力。

**第四十九条**

(1) 买方在以下情况下可以宣告合同无效:

(a) 卖方不履行其在合同或本公约中的任何义务，等于根本违反合同；或

(b) 如果发生不交货的情况，卖方不在买方按照第四十七条第 (1) 款规定的额外时间内交付货物，或卖方声明他将不在所规定的时间内交付货物。

(2) 但是，如果卖方已交付货物，买方就丧失宣告合同无效的权利，除非:

(a) 对于迟延交货，他在知道交货后一段合理时间内这样做。

(b) 对于迟延交货以外的任何违反合同事情:

——他在已知道或理应知道这种违反合同后一段合理时间内这样做；或

——他在买方按照第四十七条第 (1) 款规定的任何额外时间满期后，或在卖方声明他将不在这一额外时间履行义务后一段合理时间内这样做；或

——他在卖方按照第四十八条第 (2) 款指明的任何额外时间满期后，或在买方声明他将不接受卖方履行义务后一段合理时间内这样做。

**第五十条**

如果货物不符合同，不论价款是否已付，买方都可以减低价格，减价按实际交付的货物在交货时的价值与符合合同的货物在当时的价值两者之间的比例计算。但是，如果卖方按照第三十七条或第四十八条的规定对任何不履行义务做出补救，或者买方拒绝接受卖方按照该两条规定履行义务，则买方不得减低价格。

**第五十一条**

(1) 如果卖方只交付一部分货物，或者交付的货物中只有一部分符合合同规定，第四十六条至第五十条的规定适用于缺漏部分及不符合同规定部分的货物。

(2) 买方只有在完全不交付货物或不按照合同规定交付货物等于根本违反合同时，才可以宣告整个合同无效。

**第五十二条**

(1) 如果卖方在规定的日期前交付货物，买方可以收取货物，也可以拒绝收取货物。

(2) 如果卖方交付的货物数量大于合同规定的数量，买方可以收取也可以拒绝收取多交部分的货物。如果买方收取多交部分货物的全部或一部分，他必须按合同价格付款。

## 第三章　买方的义务

**第五十三条**

买方必须按照合同和本公约规定支付货物价款和收取货物。

### 第一节　支付价款

**第五十四条**

买方支付价款的义务包括根据合同或任何有关法律和规章规定的步骤和手续，以便支付价款。

**第五十五条**

如果合同已有效的订立，但没有明示或暗示地规定价格或规定如何确定价格，在没有任何相反表示的情况下，双方当事人应视为已默示地引用订立合同时此种货物在有关贸易的类似情况下销售的通常价格。

**第五十六条**

如果价格是按货物的重量规定的，如有疑问，应按净重确定。

**第五十七条**

(1) 如果买方没有义务在任何其他特定地点支付价款，他必须在以下地点向卖方支付价款：

(a) 卖方的营业地；或者

(b) 如凭移交货物或单据支付价款，则为移交货物或单据的地点。

(2) 卖方必须承担因其营业地在订立合同后发生变动而增加的支付方面的有关费用。

**第五十八条**

(1) 如果买方没有义务在任何其他特定时间内支付价款，他必须于卖方按照合同和本公约规定将货物或控制货物处置权的单据交给买方处置时支付价款。卖方可以支付价款作为移交货物或单据的条件。

(2) 如果合同涉及货物的运输，卖方可以在支付价款后方可把货物或控制货物处置权的单据移交给买方作为发运货物的条件。

（3）买方在未有机会检验货物前，无义务支付价款，除非这种机会与双方当事人议定的交货或支付程序相抵触。

**第五十九条**

买方必须按合同和本公约规定的日期或从合同和本公约可以确定的日期支付价款，而无需卖方提出任何要求或办理任何手续。

## 第二节　收取货物

**第六十条**

买方收取货物的义务如下：

采取一切理应采取的行动，以期卖方能交付货物和接收货物。

## 第三节　买方违反合同的补救办法

**第六十一条**

（1）如果买方不履行他在合同和本公约中的任何义务，卖方可以：

（a）行使第六十二条至第六十五条所规定的权利；

（b）按照第七十四至第七十七条的规定，要求损害赔偿。

（2）卖方可能享有的要求损害赔偿的任何权利，不因他行使采取其他补救办法的权利而丧失。

（3）如果卖方对违反合同采取某种补救办法，法院或仲裁庭不得给予买方宽限期。

**第六十二条**

卖方可以要求买方支付价款、收取货物或履行他的其他义务，除非卖方已采取与此一要求相低触的某种补救办法。

**第六十三条**

（1）卖方可以规定一段合理时限的额外时间，让买方履行义务。

（2）除非卖方收到买方的通知，声称他将不在所规定的时间内履行义务，卖方不得在这段时间内对违反合同采取任何补救办法。但是，卖方并不因此丧失他对迟延履行义务可能享有的要求损害赔偿的任何权利。

**第六十四条**

（1）卖方在以下情况下可以宣告合同无效：

（a）买方不履行其在合同或本公约中的任何义务，等于根本违反合

同；或

（b）买方不在卖方按照第六十三条第（1）款规定的额外时间内履行支付价款的义务或收取货物，或买方声明他将不在所规定的时间内这样做。

（2）但是，如果买方已支付价款，卖方就丧失宣告合同无效的权利，除非：

（a）对于买方迟延履行义务，他在知道买方履行义务前这样做。或者

（b）对于买方迟延履行义务以外的任何违反合同事情：

——他在已知道或理应知道这种违反合同后一段合理时间内这样做；或

——他在卖方按照第六十三条第（1）款规定的任何额外时间满期后或在买方声明他将不在这一额外时间内履行义务后一段合理时间内这样做。

**第六十五条**

（1）如果买方应根据合同规定订明货物的形状、大小或其他特征，而他在议定的日期或在收到卖方的要求后一段合理时间内没有订明这些规格，则卖方在不损害其可能享有的任何其他权利的情况下，可以依照他所知的买方的要求，自己订明规格。

（2）如果卖方自己订明规格，他必须把订明规格的细节通知买方，而且必须规定一段合理时间，让买方可以在该段时间内订出不同的规格。如果买方在收到这种通知后没有在该段时间内这样做，卖方所订的规格就具有约束力。

## 第四章　风险移转

**第六十六条**

货物在风险移转到买方承担后遗失或损坏，买方支付价款的义务并不因此解除，除非这种遗失或损坏是卖方的行为或不作为所造成。

**第六十七条**

（1）如果销售合同涉及货物的运输，但卖方没有义务在某一特定地点交付货物，自货物按照销售合同交付给第一承运人以转交给买方时起，风险就移转到买方承担。如果卖方有义务在某一特定地点把货物交付给承运人，在货物于该地点交付给承运人以前，风险不移转到买方承担。卖方受权保留控制货物处置权的单据，并不影响风险的移转。

（2）但是，在货物以货物上加标记、或以装运单据、或向买方发出通知

或其他方式清楚地注明有关合同以前，风险不移转到买方承担。

**第六十八条**

对于在运输途中销售的货物，从订立合同时起，风险就移转到买方承担。但是，如果情况表明有此需要，从货物交付给签发载有运输合同单据的承运人时起，风险就由买方承担。尽管如此，如果卖方在订立合同时已知道或理应知道货物已经遗失或损坏，而他又不将这一事实告之买方，则这种遗失或损坏应由卖方负责。

**第六十九条**

（1）在不属于第六十七条和第六十八条规定的情况下，从买方接收货物时起，或如果买方不在适当时间内这样做，则从货物交给他处置但他不收取货物从而违反合同时起，风险移转到买方承担。

（2）但是，如果买方有义务在卖方营业地以外的某一地点接收货物，当交货时间已到而买方知道货物已在该地点交给他处置时，风险方始移转。

（3）如果合同指的是当时未加识别的货物，则这些货物在未清楚注明有关合同以前，不得视为已交给买方处置。

**第七十条**

如果卖方已根本违反合同，第六十七条、第六十八条和第六十九条的规定，不损害买方因此种违反合同而可以采取的各种补救办法。

## 第五章　卖方和买方义务的一般规定

### 第一节　预期违反合同和分批交货合同

**第七十一条**

（1）如果订立合同后，另一方当事人由于下列原因显然将不履行其大部分重要义务，一方当事人可以中止履行义务：

（a）他履行义务的能力或他的信用有严重缺陷；或

（b）他在准备履行合同或履行合同中的行为。

（2）如果卖方在上一款所述的理由明显化以前已将货物发运，他可以阻止将货物交给买方，即使买方持有其有权获得货物的单据。本款规定只与买方和卖方间对货物的权利有关。

（3）中止履行义务的一方当事人不论是在货物发运前还是发运后，都必须立即通知另一方当事人，如经另一方当事人对履行义务提供充分保证，则他必须继续履行义务。

**第七十二条**

(1) 如果在履行合同日期之前，明显看出一方当事人将根本违反合同，另一方当事人可以宣告合同无效。

(2) 如果时间许可，打算宣告合同无效的一方当事人必须向另一方当事人发出合理的通知，使他可以对履行义务提供充分保证。

(3) 如果另一方当事人已声明他将不履行其义务，则上一款的规定不适用。

**第七十三条**

(1) 对于分批交付货物的合同，如果一方当事人不履行对任何一批货物的义务，便对该批货物构成根本违反合同，则另一方当事人可以宣告合同对该批货物无效。

(2) 如果一方当事人不履行对任何一批货物的义务，使另一方当事人有充分理由断定对今后各批货物将会发生根本违反合同，该另一方当事人可以在一段合理时间内宣告合同今后无效。

(3) 买方宣告合同对任何一批货物的交付为无效时，可以同时宣告合同对已交付的或今后交付的各批货物均为无效，如果各批货物是互相依存的，不能单独用于双方当事人在订立合同时所设想的目的。

## 第二节　损害赔偿

**第七十四条**

一方当事人违反合同应负的损害赔偿额，应与另一方当事人因他违反合同而遭受的包括利润在内的损失额相等。这种损害赔偿不得超过违反合同一方在订立合同时，依照他当时已知道或理应知道的事实和情况，对违反合同预料到或理应预料到的可能损失。

**第七十五条**

如果合同被宣告无效，而在宣告无效后一段合理时间内，买方已以合理方式购买替代货物，或者卖方已以合理方式把货物转卖，则要求损害赔偿的一方可以取得合同价格和替代货物交易价格之间的差额以及按照第七十四条规定可以取得的任何其他损害赔偿。

**第七十六条**

（1）如果合同被宣告无效，而货物又有时价，要求损害赔偿的一方，如果没有根据第七十五条规定进行购买或转卖，则可以取得合同规定的价格和宣告合同无效时的时价之间的差额以及按照第七十四条规定可以取得的任何其他损害赔偿。但是，如果要求损害赔偿的一方在接收货物之后宣告合同无效，则应适用接收货物时的时价，而不适用宣告合同无效时的时价。

（2）为上一款的目的，时价指原应交付货物地点的现行价格，如果该地点没有时价，则指另一合理替代地点的价格，但应适当地考虑货物运费的差额。

**第七十七条**

声称另一方违反合同的一方，必须按情况采取合理措施，减轻由于该另一方违反合同而引起的损失，包括利润方面的损失。如果他不采取这种措施，违反合同一方可以要求从损害赔偿中扣除原可以减轻的损失数额。

## 第三节　利息

**第七十八条**

如果一方当事人没有支付价款或任何其他拖欠金额，另一方当事人有权对这些款额收取利息，但不妨碍要求按照第七十四条规定可以取得的损害赔偿。

## 第四节　免责

**第七十九条**

（1）当事人对不履行义务不负责任，如果他能证明此种不履行义务，是由于某种非他所能控制的障碍，而且对于这种障碍，没有理由预期他在订立合同时能考虑到或能避免或克服它或它的后果。

（2）如果当事人不履行义务是由于他所雇用履行合同的全部或一部分规定的第三方不履行义务所致，该当事人只有在以下情况下才能免除责任：

（a）他按照上一款的规定应免除责任，和

（b）假如该项的规定也适用于他所雇用的人，这个人也同样会免除责任。

（3）本条所规定的免责对障碍存在的期间有效。

（4）不履行义务的一方必须将障碍及其对他履行义务能力的影响通知另

一方。如果该项通知在不履行义务的一方已知道或理应知道此一障碍后一段合理时间内仍未为另一方收到，则他对由于另一方未收到通知而造成的损害应负赔偿责任。

（5）本条规定不妨碍任何一方行使本公约规定的要求损害赔偿以外的任何权利。

**第八十条**

一方当事人因其行为或不行为而使得另一方当事人不履行义务时，不得声称该另一方当事人不履行义务。

## 第五节　宣告合同无效的效果

**第八十一条**

（1）宣告合同无效解除了双方在合同中的义务，但应负责的任何损害赔偿仍应负责。宣告合同无效不影响合同关于解决争端的任何规定，也不影响合同中关于双方在宣告合同无效后权利和义务的任何其他规定。

（2）已全部或局部履行合同的一方，可以要求另一方归还他按照合同供应的货物或支付的价款，如果双方都须归还，他们必须同时这样做。

**第八十二条**

（1）买方如果不可能按实际收到货物的原状归还货物，他就丧失宣告合同无效或要求卖方交付替代货物的权利。

（2）上一款的规定不适用于以下情况：

（a）如果不可能归还货物或不可能按实际收到货物的原状归还货物，并非由于买方的行为或不行为所造成；或者

（b）如果货物或其中一部分的毁灭或变坏，是由于按照第三十八条规定进行检验所致；或者

（c）如果货物或其中一部分，在买方发现或理应发现与合同不符以前，已为买方在正常营业过程中售出，或在正常使用过程中消费或改变。

**第八十三条**

买方虽然依第八十二条规定丧失宣告合同无效或要求卖方交付替代货物的权利，但是根据合同和本公约规定，他仍保有采取一切其他补救办法的权利。

**第八十四条**

（1）如果卖方有义务归还价款，他必须同时从支付价款之日起支付价款利息。

（2）在以下情况下，买方必须向卖方说明他从货物或其中一部分得到的一切利益：

（a）如果他必须归还货物或其中一部分；或者

（b）如果他不可能归还全部或一部分货物，或不可能按实际收到货物的原状归还全部或一部分货物，但他已宣告合同无效或已要求卖方支付替代货物。

## 第六节　保全货物

**第八十五条**

如果买方推迟收取货物，或在支付价款和交付货物应同时履行时，买方没有支付价款，而卖方仍拥有这些货物或仍能控制这些货物的处置权，卖方必须按情况采取合理措施，以保全货物。他有权保有这些货物，直至买方把他所付的合理费用偿还他为止。

**第八十六条**

（1）如果买方已收到货物，但打算行使合同或本公约规定的任何权利，把货物退回，他必须按情况采取合理措施，以保全货物。他有权保有这些货物，直至卖方把他所付的合理费用偿还给他为止。

（2）如果发运给买方的货物已到达目的地，并交给买方处置，而买方行使退货权利，则买方必须代表卖方收取货物，除非他这样做需要支付价款而且会使他遭受不合理的不便或需承担不合理的费用。如果卖方或受权代表他掌管货物的人也在目的地，则此一规定不适用。如果买方根据本款规定收取货物，他的权利和义务与上一款所规定的相同。

**第八十七条**

有义务采取措施以保全货物的一方当事人，可以把货物寄放在第三方的仓库，由另一方当事人担负费用，但该项费用必须合理。

**第八十八条**

（1）如果另一方当事人在收取货物或收回货物或支付价款或保全货物费用方面有不合理的迟延，按照第八十五条或第八十六条规定有义务保全货物的一方当事人，可以采取任何适当办法，把货物出售，但必须事前向另一方当事人发出合理的意向通知。

（2）如果货物易于迅速变坏，或者货物的保全牵涉到不合理的费用，则按照第八十五条或第八十六条规定有义务保全货物的一方当事人，必须采取合理措施，把货物出售，在可能的范围内，他必须把出售货物的打算通知另一方当事人。

（3）出售货物的一方当事人，有权从销售所得收入中扣回为保全货物和销售货物而付的合理费用。他必须向另一方当事人说明所余款项。

## 第四部分　最后条款

**第八十九条**

兹指定联合国秘书长为本公约保管人。

**第九十条**

本公约不优于业已缔结或可以缔结并载有与属于本公约范围内事项有关的条款的任何国际协定，但以双方当事人的营业地均在这种协定的缔约国内为限。

**第九十一条**

（1）本公约在联合国国际货物销售合同会议闭幕会议上开放签字，并在纽约联合国总部继续开放签字，直至 1981 年 9 月 30 日为止。

（2）本公约须经签字国批准、接受或核准。

（3）本公约从开放签字之日起开放给所有非签字国加入。

（4）批准书、接受书、核准书和加入书应送交联合国秘书长存放。

**第九十二条**

（1）缔约国可在签字、批准、接受、核准或加入时声明他不受本公约第二部分的约束或不受本公约第三部分的约束。

（2）按照上一款规定就本公约第二部分或第三部分做出声明的缔约国，在该声明适用的部分所规定事项上，不得视为本公约第一条第（1）款范围内的缔约国。

**第九十三条**

（1）如果缔约国具有两个或两个以上的领土单位，而依照该国宪法规定、各领土单位对本公约所规定的事项适用不同的法律制度，则该国得在签字、批准、接受、核准或加入时声明本公约适用于该国全部领土单位或仅适用于其中的一个或数个领土单位，并且可以随时提出另一声明来修改其所做的声明。

（2）此种声明应通知保管人，并且明确地说明适用本公约的领土单位。

（3）如果根据按本条做出的声明，本公约适用于缔约国的一个或数个但不是全部领土单位，而且一方当事人的营业地位于该缔约国内，则为本公约的目的，该营业地除非位于本公约适用的领土单位内，否则视为不在缔约国内。

（4）如果缔约国没有按照本条第（1）款做出声明，则本公约适用于该国所有领土单位。

**第九十四条**

（1）对属于本公约范围的事项具有相同或非常近似的法律规则的两个或两个以上的缔约国，可随时声明本公约不适用于营业地在这些缔约国内的当事人之间的销售合同，也不适用于这些合同的订立。此种声明可联合做出，也可以相互单方面声明的方式做出。

（2）对属于本公约范围的事项具有与一个或一个以上非缔约国相同或非常近似的法律规则的缔约国，可随时声明本公约不适用于营业地在这些非缔约国内的当事人之间的销售合同，也不适用于这些合同的订立。

（3）作为根据上一款所做声明对象的国家如果后来成为缔约国，这项声明从本公约对该新缔约国生效之日起，具有根据第（1）款所做声明的效力，但以该新缔约国加入这项声明，或做出相互单方面声明为限。

**第九十五条**

任何国家在交存其批准书、接受书、核准书或加入书时，可声明它不受本公约第一条第（1）款（b）项的约束。

**第九十六条**

本国法律规定销售合同必须以书面订立或书面证明的缔约国，可以随时按照第十二条的规定，声明本公约第十一条、第二十九条或第二部分准许销售合同或其更改或根据协议终止，或者任何发价、接受或其他意旨表示得以书面以外任何形式做出的任何规定不适用，如果任何一方当事人的营业地是在该缔约国内。

**第九十七条**

（1）根据本公约规定在签字时做出的声明，须在批准、接受或核准时加以确认。

（2）声明和声明的确认，应以书面提出，并应正式通知保管人。

（3）声明在本公约对有关国家开始生效时同时生效。但是，保管人于此种生效后收到正式通知的声明，应于保管人收到声明之日起 6 个月后的第 1 个月第 1 天生效。根据第九十四条规定做出的相互单方面声明，应于保管人收到最后一份声明之日起 6 个月后的第 1 个月第 1 天生效。

（4）根据本公约规定做出声明的任何国家可以随时用书面正式通知保管人撤回该项声明。此种撤回于保管人收到通知之日起 6 个月后的第 1 个月第 1 天生效。

（5）撤回根据第九十四条做出的声明，自撤回生效之日起，就会使另一国家根据该条所做的任何相互声明失效。

**第九十八条**

除本公约明文许可的保留外，不得作任何保留。

**第九十九条**

（1）在本条第（6）款规定的条件下，本公约在第十件批准书、接受书、核准书或加入书、包括载有根据第九十二条规定做出的声明的文书交存之日起 12 月后的第 1 个月第 1 天生效。

（2）在本条第（6）款规定的条件下，对于在第 10 件批准书、接受书、核准书或加入书交存后才批准、接受、核准或加入本公约的国家，本公约在该国交存其批准书、接受书、核准车或加入书之日起 12 个月后的第 1 个月第 1 天对该国生效，但不适用的部分除外。

（3）批准、接受、核准或加入本公约的国家，如果是 1964 年 7 月 1 日海牙签订的《关于国际货物销售合同的订立统一法公约》（《1964 年海牙订立合同公约》）和 1964 年 7 月 1 日在海牙签订的《关于国际货物销售统一法的公约》（《1964 年海牙货物销售公约》）中一项或两项公约的缔约国。应按情况同时通知荷兰政府声明退出《1964 年海牙货物销售公约》或《1964 年海牙订立合同公约》，或同时退出该两公约。

（4）凡为《1964 年海牙货物销售公约》缔约国并批准、接受、核准或加入本公约和根据第九十二条规定声明或业已声明不受本公约第二部分约束的国家，应于批准、接受、核准或加入时通知荷兰政府声明退出《1964 年海牙货物销售公约》。

（5）凡为《1964 年海牙订立合同公约》缔约国并批准、接受、核准或加入本公约和根据第九十二条规定声明或业已声明不受本公约第三部分约束的国家，应于批准、接受、核准或加入时通知荷兰政府声明退出《1964 年海牙订立合同公约》。

（6）为本条的目的，《1964 年海牙订立合同公约》或《1964 年海牙货物销售公约》的缔约国的批准、接受、核准或加入本公约，应在这些国家按照规定退出该两公约生效后方始生效。本公约保管人应与 1964 年两公约的保管人荷兰政府进行协商，以确保在这方面进行必要的协调。

**第一百条**

（1）本公约适用于合同的订立，只要订立该合同的建议是在本公约对第一条第（1）款（a）项所指缔约国或第一条第（1）款（b）项所指缔约国生效之日或其后作出的。

（2）本公约只适用于在它对第一条第（1）款（a）项所指缔约国或第一条第（1）款（b）项所指缔约国生效之日或其后订立的合同。

**第一百零一条**

（1）缔约国可以用书面正式通知保管人声明退出本公约，或本公约第二部分或第三部分。

（2）退出于保管人收到通知 12 个月后的第 1 个月第 1 天起生效。凡通知内订明一段退出生效的更长时间，则退出于保管人收到通知后该段更长时间满时起生效。

# 附录二　常用国际收支交易编码及交易附言指导目录

**附 2-1　常用国际收支交易编码与交易附言指导目录——涉外收入**

| 序号 | 交易编码 | 国际收支交易项目名称 | 常见及上级局明确的交易附言 |
|---|---|---|---|
| 涉外收入申报单（退回款申报原对应的交易编码） | | | |
| 1 货物贸易 | | | |
| 1 | 101010 | 一般贸易收入 | 出口+“货物名称”+收入；预收一般贸易+“产品名称”+货款 |
| 2 | 101050 | 对外承包工程货物出口收入 | 对外承包工程出口+“货物名称”+收入 |
| 3 | 102010 | 来料加工装配贸易出口 | 来料加工/工缴费收入 |
| 4 | 102030 | 进料加工贸易项下的成品出口 | 进料加工+“产品名称”+出口收入；预收进料加工+“产品名称”+货款。 |
| 5 | 109000 | 其他收入 | “样品名称”+样品款收入（注：样品有贸易方式的应据实申报对应贸易方式项下的交易编码） |
| 2 服务 | | | |
| 1 | 201012 | 为货物出口提供运输的收入 | 出口海运费收入 |
| 2 | 201013 | 为货物进口提供运输的收入 | 进口海运费收入 |
| 3 | 201014 | 港口服务收入（如海运货物的装卸，运输工具的牵引、检修等） | 海港+“装卸费、仓储费、保管费、包装费、再包装费”+收入；港口使用费收入 |
| 4 | 201040 | 运输佣金、代理费收入 | “海运、空运、陆运”+“佣金、代理费”+收入 |
| 5 | 202020 | 公务及商务差旅收入 | “会议名称”+会议费收入 |
| 6 | 202050 | 教育、培训收入 | “教育、培训”+收入 |
| 7 | 204010 | 建筑、安装服务收入 | 一年以下承包+“建筑/安装项目名称”+工程款 |
| 8 | 204020 | 劳务承包收入 | “劳务承包项目名称”+劳务承包收入 |
| 9 | 211013 | 进出口贸易佣金收入 | “出口、进口”+“货物名称”+佣金收入 |
| 3 收益 | | | |
| 1 * | 301010 | 一年以下雇员汇款收入 | 一年以下雇员汇款收入 |
| 4 经常转移 | | | |
| 1 * | 401000 | 接受与固定资产无关的捐赠及无偿援助 | “捐赠目的、无偿援助目的”+“捐赠款、无偿援助款”<br>注：捐赠目的须与固定资产无关 |

续表

| 序号 | 交易编码 | 国际收支交易项目名称 | 常见及上级局明确的交易附言 |
|---|---|---|---|
| 2 | 402020 | 其他赔偿收入 | “商品名称”+质量赔偿款 |
| 3 * | 406000 | 一年以上雇员汇款收入 | 一年以上雇员工资收入 |
| 5 资本账户 | | | |
| 1 * | 501020 | 接受与固定资产有关的捐赠及无偿援助 | “建设、修理、购买”+“固定资产名称”+捐赠款 |
| 6 直接投资 | | | |
| 1 | 602011 | 投资资本金汇入 | 汇入投资资本金 |
| 2 | 602013 | 外商投资企业增资 | 汇入增资资本金 |
| 3 * | 602014 | 中方向外方转让股权 | 股权转让金（超过 10%） |
| 4 | 602018 | 非法人投资款收入 | 一年以上承包+“项目名称”+工程款 |
| 5 | 602021 | 外国母公司、附属或关联方对国内外商投资企业贷款 | 股东贷款提款；附属企业贷款提款；关联企业贷款提款 |
| 7 证券投资 | | | |
| 1 | 702011 | 在境外市场向境外投资者发行股票及配股 | 境外+“发股、配股”+募集资金收入 |
| 8 其他投资 | | | |
| 1 * | 801031 | 收回或调回存放境外存款本金 | 调回境外存款本金 |
| 2 | 801032 | 保证金调回 | 调回投标保证金；调回付款保证金 |
| 3 | 802023 | 获得国外银行及其他金融机构贷款本金 | 国外银行外债提款；国外银团外债提款；其他金融机构贷款提款 |
| 4 | 802025 | 获得国外企业及个人借款本金 | 国外非相关企业外债提款；国外个人借款提款 |
| 5 * | 802031 | 境外存入款项 | 非居民账户收入 |
| 6 | 802032 | 境外存入保证金 | 投标+“标的名称”+保证金收入；出口+“货物名称”+付款保证金收入 |

注：对私侨汇、捐赠项下收入应根据交易目的和性质选择交易编码，交易附言不能简单描述为侨汇或捐赠，应准确描述交易的目的和性质。标 * 号的交易编码可能为对私项下。

**附 2-2　常用国际收支交易编码及交易附言指导目录——对外支出**

| 序号 | 交易编码 | 国际收支交易项目名称 | 常见及上级局明确的交易附言 |
|---|---|---|---|
| 对外付款申请书、对外付款/承兑通知书（退款申报原对应的交易编码） | | | |
| 1 货物贸易 | | | |
| 1 | 101010 | 一般贸易支出 | 进口+“货物名称”+付汇；预付一般贸易+“货物名称”+货款 |
| 2 | 101070 | 免税商品进口 | 进口免税+“货物名称”+付汇 |

续表

| 序号 | 交易编码 | 国际收支交易项目名称 | 常见及上级局明确的交易附言 |
| --- | --- | --- | --- |
| 3 | 102030 | 进料加工贸易项下的料件进口 | 进料加工+“料件名称”+付汇；预付进料加工+“料件名称”+货款 |
| 2 服务 | | | |
| 1 | 201012 | 为货物出口支付的运输费用 | 出口+“货物名称”+海运费 |
| 2 | 201013 | 为货物进口支付的运输费用 | 进口+“货物名称”+海运费 |
| 3 | 201014 | 港口服务支出（如海运货物的装卸，运输工具的牵引、检修等） | 海港+“装卸费、仓储费、保管费、包装费、再包装费”；支付港口使用费 |
| 4 | 201040 | 运输佣金、代理费支出 | 支付“海运、空运、陆运”+“佣金、代理费” |
| 5 | 202020 | 公务及商务差旅支出 | 出国+“考察费、商务谈判费、会议费” |
| 6 * | 202030 | 因私旅游支出 | 因私出国+“旅游、探亲、朝觐”+费用 |
| 7 * | 202040 | 医疗、保健支出 | 出国医疗费；出国保健费 |
| 8 * | 202050 | 教育、培训支出 | 出国+“留学费、研修费、培训费、考试费” |
| 9 | 206010 | 金融服务中介费、手续费、担保费、承诺费支出 | 信贷额度费、贷款担保费、信用证承兑费、股票发行费、上市公告费 |
| 10 * | 207020 | 书刊、杂志和电子出版物以及新闻、信息服务支出 | 订购+“报纸、刊物、杂志、书籍、电子出版物名称”+费用 |
| 11 | 208040 | 商标、制作方法支出 | “商标名称”+商标使用费 |
| 12 | 211013 | 进出口贸易佣金支出 | “出口、进口”+“货物名称”+佣金 |
| 13 | 211031 | 法律服务、仲裁支出 | 支付+“法律咨询费、律师费、仲裁费、诉讼费、案件受理费” |
| 14 | 211033 | 管理咨询服务 | 支付企业运行管理+“咨询费、顾问费” |
| 15 | 211034 | 认证、公证服务支出 | 支付+“认证项目名称、公证项目名称”+“认证费、公证费”；产品检验费；产品检疫费 |
| 16 | 211041 | 广告、展览支出 | 支付产品广告费、产品展览费 |
| 17 | 211054 | 其他支出 | 支付+“设备名称”+设备+“调试费、维修费”；产品试验费；设备安装费 |
| 18 | 211060 | 驻外办事处办公经费 | 支付驻+“国家/地区名称”+办事处办公经费 |

续表

| 序号 | 交易编码 | 国际收支交易项目名称 | 常见及上级局明确的交易附言 |
|---|---|---|---|
| 3 收益 | | | |
| 1 | 301010 | 一年以下雇员汇款支出 | 一年以下雇员汇款支出 |
| 2 | 302011 | 利润汇出 | 支付+“××××年度”+利润 |
| 3 | 302013 | 归还母/分公司、附属或关联方借款利息支出 | 偿还股东贷款利息；偿还附属企业贷款利息；偿还关联企业贷款利息 |
| 4 | 302021 | 股票投资收益支出 | 支付+“××××年度”+“红利、股息” |
| 5 | 302031 | 其他投资收益-借款及其他债务利息支出 | 偿还+“国外银行、其他金融机构、国外出口商、个人”+借款利息；支付延期付款利息 |
| 4 经常转移 | | | |
| 1 | 406000 | 一年以上雇员汇款支出 | 一年以上雇员汇款；赡家款 |
| 5 资本账户 | | | |
| 1 | 501050 | 移居国外的转移支出 | 赴+“目的地国家或地区名称”移民汇出 |
| 6 直接投资 | | | |
| 1 | 601011 | 境外投资企业投资资本金汇出 | 汇出境外投资资本金 |
| 2 | 601012 | 筹备资金汇出 | 汇出境外投资筹备资金 |
| 3 | 602011 | 外商投资企业清算、撤资 | 外商投资企业清算撤资 |
| 4 | 602014 | 外方向中方转让股权 | 支付外方股权转让金（超过10%） |
| 5 | 602021 | 外国母公司、附属或关联企业对国内外商投资企业贷款的收回 | 偿还股东贷款本金；偿还附属企业贷款本金；偿还关联企业贷款本金 |
| 7 证券投资 | | | |
| 1 | 702014 | 境外投资者卖出境内市场本币股票投资本金汇出 | 非居民卖出A股股票本金汇出 |
| 8 其他投资 | | | |
| 1 | 801032 | 保证金存放境外（包括付款保证金、投标保证金） | 支付投标+“标的名称”+保证金；支付进口+“货物名称”+付款保证金 |
| 2 | 802023 | 偿还国外银行及其他金融机构贷款本金 | 偿还国外银行外债本金 |
| 3 | 802025 | 偿还国外企业及个人借款本金 | 偿还国外非相关企业外债本金；偿还国外个人贷款本金 |

# 附录三　跟单信用证统一惯例（UCP600）

## 跟单信用证统一惯例（UCP600）

**第一条**　UCP 的适用范围

《跟单信用证统一惯例——2007 年修订本，国际商会第 600 号出版物》（简称“UCP”）乃一套规则，适用于所有的其文本中明确表明受本惯例约束的跟单信用证（下称信用证）（在其可适用的范围内，包括备用信用证）。

除非信用证明确修改或排除，本惯例各条文对信用证所有当事人均具有约束力。

**第二条**　定义

就本惯例而言：

通知行指应开证行的要求通知信用证的银行。

申请人指要求开立信用证的一方。

银行工作日指银行在其履行受本惯例约束的行为的地点通常开业的一天。

受益人指接受信用证并享受其利益的一方。

相符交单指与信用证条款、本惯例的相关适用条款以及国际标准银行实务一致的交单。

保兑指保兑行在开证行承诺之外做出的承付或议付相符交单的确定承诺。

保兑行指根据开证行的授权或要求对信用证加具保兑的银行。

信用证指一项不可撤销的安排，无论其名称或描述如何，该项安排构成开证行对相符交单予以承付的确定承诺。

承付指：

a. 如果信用证为即期付款信用证，则即期付款。

b. 如果信用证为延期付款信用证，则承诺延期付款并在承诺到期日付款。

c. 如果信用证为承兑信用证，则承兑受益人开出的汇票并在汇票到期日付款。

开证行指应申请人要求或者代表自己开出信用证的银行。

议付指指定银行在相符交单下，在其应获偿付的银行工作日当天或之前向受益人预付或者同意预付款项，从而购买汇票（其付款人为指定银行以外的其他银行）及/或单据的行为。

指定银行指信用证可在其处兑用的银行，如信用证可在任一银行兑用，则任何银行均为指定银行。

交单指向开证行或指定银行提交信用证项下单据的行为，或指按此方式提交的单据。

交单人指实施交单行为的受益人、银行或其他人。

**第三条　解释**

就本惯例而言：

如情形适用，单数词形包含复数含义，复数词形包含单数含义。

信用证是不可撤销的，即使未如此表明。

单据签字可用手签、拳样签字、穿孔签字、印戳、符号或任何其他机械或电子的证实方法为之。

诸如单据须履行法定手续、签证、证明等类似要求，可由单据上任何看似满足该要求的签字、标记、印戳或标签来满足。

一家银行在不同国家的分支机构被视为不同的银行。

用诸如“第一流的”、“著名的”、“合格的”、“独立的”、“正式的”、“有资格的”或“本地的”等词语描述单据的出单人时，允许除受益人之外的任何人出具该单据。

除非要求在单据中使用，否则诸如“迅速地”、“立刻地”或“尽快地”等词语将被不予理会。

“在或大概在（on or about）”或类似用语将被视为规定事件发生在指定日期的前后五个日历日之间，起讫日期计算在内。

“至（to）”、“直至（until、till）”、“从……开始（from）”及“在……之间（between）”等词用于确定发运日期时包含提及的日期，使用“在……之前（before）”及“在……之后（after）”时则不包含提及的日期。

“从……开始（from）”及“在……之后（after）”等词用于确定到期日时不包含提及的日期。

“前半月”及“后半月”分别指一个月的第一日到第十五日及第十六日到该月的最后一日，起讫日期计算在内。

一个月的“开始（beginning）”、“中间（middle）”及“末尾（end）”分别指第一到第十日、第十一日到第二十日及第二十一日到该月的最后一日，起讫日期计算在内。

**第四条** 信用证与合同

a. 就其性质而言，信用证与可能作为其开立基础的销售合同或其他合同是相互独立的交易，即使信用证中含有对此类合同的任何援引，银行也与该合同无关，且不受其约束。因此，银行关于承付、议付或履行信用证项下其他义务的承诺，不受申请人基于与开证行或与受益人之间的关系而产生的任何请求或抗辩的影响。

受益人在任何情况下不得利用银行之间或申请人与开证行之间的合同关系。

b. 开证行应劝阻申请人试图将基础合同、形式发票等文件作为信用证组成部分的做法。

**第五条** 单据与货物、服务或履约行为

银行处理的是单据，而不是单据可能涉及的货物、服务或履约行为。

**第六条** 兑用方式、截止日和交单地点

a. 信用证必须规定可在其处兑用的银行，或是否可在任一银行兑用。规定在指定银行兑用的信用证同时也可以在开证行兑用。

b. 信用证必须规定其是以即期付款、延期付款、承兑还是议付的方式兑用。

c. 信用证不得开成凭以申请人为付款人的汇票兑用。

d. i. 信用证必须定一个交单的截止日。规定的承付或议付的截止日将被视为交单的截止日。

ii. 可在其处兑用信用证的银行所在地即为交单地点。可在任一银行兑用的信用证其交单地点为任一银行所在地。除规定的交单地点外，开证行所在地也是交单地点。

e. 除非如第二十九条 a 款规定的情形，否则受益人或者代表受益人的交单应在截止日当天或之前完成。

**第七条** 开证行责任

a. 只要规定的单据提交给指定银行或开证行，并且构成相符交单，则开

证行必须承付，如果信用证为以下情形之一：

i. 信用证规定由开证行即期付款，延期付款或承兑；

ii. 信用证规定由指定银行即期付款但其未付款；

iii. 信用证规定由指定银行延期付款但其未承诺延期付款，或虽已承诺延期付款，但未在到期日付款；

iv. 信用证规定由指定银行承兑，但其未承兑以其为付款人的汇票，或虽然承兑了汇票，但未在到期日付款；

v. 信用证规定由指定银行议付但其未议付。

b. 开证行自开立信用证之时起即不可撤销地承担承付责任。

c. 指定银行承付或议付相符交单并将单据转给开证行之后，开证行即承担偿付该指定银行的责任。对承兑或延期付款信用证下相符交单金额的偿付应在到期日办理，无论指定银行是否在到期日之前预付或购买了单据。开证行偿付指定银行的责任独立于开证行对受益人的责任。

**第八条** 保兑行责任

a. 只要规定的单据提交给保兑行，或提交给其他任何指定银行，并且构成相符交单，保兑行必须：

i. 承付，如果信用证为以下情形之一：

a）信用证规定由保兑行即期付款、延期付款或承兑；

b）信用证规定由另一指定银行延期付款，但其未付款；

c）信用证规定由另一指定银行延期付款，但其未承诺延期付款，或虽已承诺延期付款但未在到期日付款；

d）信用证规定由另一指定银行承兑，但其未承兑以其为付款人的汇票，或虽已承兑汇票未在到期日付款；

e）信用证规定由另一指定银行议付，但其未议付。

ii. 无追索权地议付，如果信用证规定由保兑行议付。

b. 保兑行自对信用证加具保兑之时起即不可撤销地承担承付或议付的责任。

c. 其他指定银行承付或议付相符交单并将单据转往保兑行之后，保兑行即承担偿付该指定银行的责任。对承兑或延期付款信用证下相符交单金额的偿付应在到期日办理，无论指定银行是否在到期日之前预付或购买了单据。

保兑行偿付指定银行的责任独立于保兑行对受益人的声任。

d. 如果开证行授权或要求一银行对信用证加具保兑，而其并不准备照办，则其必须毫不延误地通知开证行，并可通知此信用证而不加保兑。

**第九条** 信用证及其修改的通知

a. 信用证及其任何修改可以经由通知行通知给受益人。非保兑行的通知行通知信用及修改时不承担承付或议付的责任。

b. 通知行通知信用证或修改的行为表示其已确信信用证或修改的表面真实性，而且其通知准确地反映了其收到的信用证或修改的条款。

c. 通知行可以通过另一银行（“第二通知行”）向受益人通知信用证及修改。第二通知行通知信用证或修改的行为表明其已确信收到的通知的表面真实性，并且其通知准确地反映了收到的信用证或修改的条款。

d. 经由通知行或第二通知行通知信用证的银行必须经由同一银行通知其后的任何修改。

e．如一银行被要求通知信用证或修改但其决定不予通知，则应毫不延误地告知自其处收到信用证、修改或通知的银行。

f. 如一银行被要求通知信用证或修改但其不能确信信用证、修改或通知的表面真实性，则应不延误地通知看似从其处收到指示的银行。如果通知行或第二通知行决定仍然通知信用证或修改，则应告知受益人或第二通知行其不能确信信用证、修改或通知的表面真实性。

**第十条** 修改

a. 除第二十八条另有规定者外，未经开证行、保兑行（如有的话）及受益人同意，信用证既不得修改，也不得撤销。

b. 开证行自发出修改之时起，即不可撤销地受其约束。保兑行可将其保兑扩展至修改，并自通知该修改时，即不可撤销地受其约束。但是，保兑行可以选择将修改通知受益人而不对其加具保兑。若然如此，其必须毫不延误地将此告知开证行，并在其给受益人的通知中告知受益人。

c. 在受益人告知通知修改的银行其接受该修改之前，原信用证（或含有先前被接受的修改的信用证）的条款对受益人仍然有效。受益人应提供接受或拒绝修改的通知。如果受益人未能给予通知，当交单与信用证以及尚未表示接受的修改的要求一致时，即视为受益人已作出接受修改的通知，并且从此时起，该信用证被修改。

d. 通知修改的银行应将任何接受或拒绝的通知转告发出修改的银行。

e. 对同一修改的内容不允许部分接受，部分接受将被视为拒绝修改的通知。

f. 修改中关于除非受益人在某一时间内拒绝修改否则修改生效的规定应被不予理会。

**第十一条** 电讯传输的和预先通知的信用证和修改

a. 以经证实的电讯方式发出的信用证或信用证修改即被视为有效的用证或修改文据，任何后续的邮寄确认书应被不予理会。

如电讯声明“详情后告”（或类似用语）或声明以邮寄确认书为有效信用证或修改，则该电讯不被视为有效信用证或修改。开证行必须随即不迟延地开立有效信用证或修改，其条款不得与该电讯矛盾。

b. 开证行只有在准备开立有效信用证或作出有效修改时，才可以发出关于开立或修改信用证的初步通知（预先通知）。开证行作出该预先通知，即不可撤销地保证不迟延地开立或修改信用证，且其条款不能与预先通知相矛盾。

**第十二条** 指定

a. 除非指定银行为保兑行，对于承付或议付的授权并不赋予指定银行承付或议付的义务，除非该指定银行明确表示同意并且告知受益人。

b. 开证行指定一银行承兑汇票或做出延期付款承诺，即为授权该指定银行预付或购买其已承兑的汇票或已做出的延期付款承诺。

c. 非保兑行的指定银行收到或审核并转递单据的行为并不使其承担承付或议付的责任，也不构成其承付或议付的行为。

**第十三条** 银行之间的偿付安排

a. 如果信用证规定指定银行（“索偿行”）向另一方（“偿付行”）获取偿付时，必须同时规定该偿付是否按信用证开立时有效的 ICC 银行间偿付规则进行。

b. 如果信用证没有规定偿付遵守 ICC 银行间偿付规则，则按照以下规定：

i. 开证行必须给予偿付行有关偿付的授权，授权应符合信用证关于兑用方式的规定，且不应设定截止日。

ii. 开证行不应要求索偿行向偿付行提供与信用证条款相符的证明。

iii. 如果偿付行未按信用证条款见索即偿，开证行将承担利息损失以及产生的任何其他费用。

iv. 偿付行的费用应由开证行承担。然而，如果此项费用由受益人承担，开证行有责任在信用证及偿付授权中注明。如果偿付行的费用由受益人承担，该费用应在偿付时从付给索偿行的金额中扣取。如果偿付未发生，偿付行的费用仍由开证行负担。

c. 如果偿付行未能见索即偿，开证行不能免除偿付责任。

**第十四条** 单据审核标准

a. 按指定行事的指定银行、保兑行（如果有的话）及开证行须审核交单，并仅基于单据本身确定其是否在表面上构成相符交单。

b. 按指定行事的指定银行、保兑行（如有的话）及开证行各有从交单次日起至多五个银行工作日用以确定交单是否相符。这一期限不因在交单日当天或之后信用证截止日或最迟交单日截止而受到缩减或影响。

c. 如果单据中包含一份或多份受第十九、二十、二十一、二十二、二十三、二十四或二十五条规制的正本运输单据，则须由受益人或其代表在不迟于本惯例所指的发运日之后的二十一个日历日内交单，但是在任何情况下都不得迟于信用证的截止日。

d．单据中的数据，在与信用证、单据本身以及国际标准银行实务参照解读时，无须与该单据本身中的数据、其他要求的单据或信用证中的数据等同一致、但不得矛盾。

e. 除商业发票外，其他单据中的货物、服务或履约行为的描述，如果有的话，可使用与信用证中的描述不矛盾的概括性用语。

f. 如果信用证要求提交运输单据、保险单据或者商业发票之外的单据，却未规定出单人或其数据内容，则只要提交的单据内容看似满足所要求单据的功能，且其他方面符合第十间条 d 款，银行将接受该单据。

g. 提交的非信用证所要求的单据将被不予理会，并可被退还给交单人。

h. 如果信用证含有一项条件，但未规定用以表明该条件得到满足的单据，银行将视为未作规定并不予理会。

i. 单据日期可以早于信用证的开立日期，但不得晚于交单日期。

j. 当受益人和申请人的地址出现在任何规定的单据中时，无须与信用证或其他规定单据中所载相同，但必须与信用证中规定的相应地址同在一国。联络细节（传真、电话、电子邮件及类似细节）作为受益人和申请人地址的一部分时将被不予理会。然而，如果申请人的地址和联络细节为第十九、二十、二十一、二十二、二十三、二十四或二十五条规定的运输单据上的收货人或通知方细节的一部分时，应与信用证规定的相同。

k. 在任何单据中注明的托运人或发货人无须为信用证的受益人。

l. 运输单据可以由任何人出具，无须为承运人、船东、船长或租船人，只要其符合第十九、二十、二十一、二十二、二十三或二十四条的要求。

**第十五条** 相符交单

a. 当开证行确定交单相符时，必须承付。

b 当保兑行确定交单相符时，必须承付或者议付并将单据转递给开证行。

c. 当指定银行确定交单相符并承付或议付时，必须将单据转递给保兑行或开证行。

**第十六条** 不符单据、放弃及通知

a. 当按照指定行事的指定银行、保兑行（如有的话）或者开证行确定交单不符时，可以拒绝承付或议付。

b. 当开证行确定交单不符时，可以自行决定联系申请人放弃不符点。然而这并不能延长第十四条 b 款所指的期限，收到单据次日起 5 个银行工作日。

c. 当按照指定行事的指定银行、保兑行（如有的话）或开证行决定拒绝承付或议付时，必须给予交单人一份单独的拒付通知。

该通知必须声明：

i. 银行拒绝承付或议付；及

ii. 银行拒绝承付或者议付所依据的每一个不符点；及

iii. 单据处理方式

a）银行留存单据听候交单人的进一步指示：或者

b）开证行留存单据直到其从申请人处接到放弃不符点的通知并同意接受该放弃，或者其同意接受对不符点的放弃之前从交单人处收到其进一步指示；或者

c）银行将退回单据；或者

d）银行将按之前从交单人处获得的指示处理。

d．第十六条c款要求的通知必须以电讯方式，如不可能，则以其他快捷方式，在不迟于自交单之翌日起第五个银行工作日结束前发出。

e. 按照指定行事的指定银行、保兑行（如有的话）或开证行在按照第十六条c款iii项a）或b）发出了通知后，可以在任何时候将单据退还交单人。

f. 如果开证行或保兑行未能按照本条行事，则无权宣称交单不符。

g. 当开证行拒绝承付或保兑行拒绝承付或者议付，并且按照本条发出了拒付通知后，有权要求返还已偿付的款及利息。

**第十七条** 正本单据及副本

a. 信用证规定的每一种单据须至少提交一份正本。

b. 银行应将任何带有看似出单人的原始签名、标记、印戳或标签的单据视为正本单据，除非单据本身表明其非正本。

c. 除非单据本身另有说明，在以下情况下，银行也将其视为正本单据：

i. 单据看似由出单人手写、打字、穿孔或盖章；或者

ii. 单据看似使用出单人的原始信纸出具；或者

iii．单据声明其为正本单据，除非该声明看似不适用于提交的单据。

d. 如果信用证要求提交单据的副本，提交正本或副本均可。

e. 如果信用证使用诸如“一式两份（in duplicate）”、“两份（in two fold）”、“两套（in two copies）”等用语，要求提交多份单据，则提交至少一份正本，其余使用副本即可满足要求，除非单据本身另有说明。

**第十八条** 商业发票

a. 商业发票：

i. 必须看似由受益人出具（第三十八条规定的情形除外）；

ii. 必须出具成以申请人为抬头（第三十八条g款规定的情形除外）；

iii. 必须与信用证的货币相同；且

iv. 无须签名。

b. 按指定行事的指定银行、保兑行（如有的话）或开证行可以接受金额大于信用证允许金额的商业发票，其决定对有关各方均有约束力，只要该银行对超过信用证允许金额的部分未作承付或者议付。

c. 商业发票上的货物、服务或履约行为的描述应该与信用证中的描述一致。

**第十九条** 涵盖至少两种不同运输方式的运输单据

a. 涵盖至少两种不同运输方式的运输单据（多式或联合运输单据），无论名称如何，必须看似：

i. 表明承运人名称并由以下人员签署：

*承运人或其具名代理人，或

*船长或其具名代理人。

承运人、船长或代理人的任何签字，必须标明其承运人、船长或代理人的身份。

代理人签字必须表明其系代表承运人还是船长签字。

ii. 通过以下方式表明货运站物已经在信用证规定的地点发送、接管或已装船。

*事先印就的文字，或

*表明货物已经被发送、接管或装船日期的印戳或批注。

运输单据的出具日期将被视为发送、接管或装船的日期，也即发运的日期。然而如单据以印戳或批注的方式表明了发送、接管或装船日期，该日期将被视为发运日期。

iii. 表明信用证规定的发送、接管或发运地点，以及最终目的地，即使：

a）该运输单据另外还载明了一个不同的发送、接管或发运地点或最终目的地，或者，

b）该运输单据载有“预期的”或类似的关于船只，装货港或卸货港的限定语。

iv. 为唯一的正本运输单据，或者，如果出具为多份正本，则为运输单据中表明的全套单据。

v. 载有承运条款和条件，或提示承运条款和条件参见别处（简式/背面空白的运输单据）。银行将不审核承运条和条件的内容。

vi. 未表明受租船合同约束。

b. 就本条而言，转运指在从信用证规定的发送、接管或者发运地点最终目的地的运输过程中从某一运输工具上卸下货物并装上另一运输工具的行为（无论其是否为不同的运输方式）。

c. i. 运输单据可以表明货物将要或可能被转运，只要全程运输由同一运

输单据涵盖。

ii. 即使信用证禁止转运，注明将要或者可能发生转运的运输单据仍可接受。

**第二十条　提单**

a. 提单，无论名称如何，必须看似：

i. 表明承运人名称，并由下列人员签署：

＊承运人或其具名代理人，或者

＊船长或其具名代理人。

承运人，船长或代理人的任何签字必须标明其承运人，船长或代理人的身份。

代理人的任何签字必须标明其系代表承运人还是船长签字。

ii. 通过以下方式表明货物已在信用证规定的装货港装上具名船只：

＊预先印就的文字，或

＊已装船批注注明货物的装运日期。

提单的出具日期将被视为发运日期，除非提单载有表明发运日期的已装船批注，此时已装船批注中显示的日期将被视为发运日期。

如果提单载有“预期船只”或类似的关于船名的限定语，则前以已装船批注明确发运日期以及实际船名。

iii. 表明货物从信用证规定的装货港发运至卸货港。

如果提单没有表明信用证规定的装货港为装货港，或者其载有“预期的”或类似的关于装货港的限定语，则需以已装船批注表明信用证规定的装货港、发运日期以及实际船名。即使提单以事先印就的文字表明了货物已装载或装运于具名船只，本规定仍适用。

iv. 为唯一的正本提单，或如果以多份正本出具，为提单中表明的全套正本。

v. 载有承运条款和条件，或提示承运条款和条件参见别处（简式/背面空白的提单）。银行将不审核承运条款和条件的内容。

vi. 未表明受租船合同约束。

a. 就本条而言，转运系指在信用证规定的装货港到卸货港之间的运输过程中，将货物从一船卸下并再装上另一船的行为。

b. i. 提单可以表明货物将要或可能被转运，只要全程运输由同一提单涵盖。

ii. 即使信用证禁止转运，注明将要或可能发生转运的提单仍可接受，只要其表明货物由集装箱、拖车或子船运输。

c. 提单中声明承运人保留转运权利的条款将被不予理会。

**第二十一条** 不可转让的海运单

a. 不可转让的海运单，无论名称如何，必须看似：

i. 表明承运人名称并由下列人员签署：

* 承运人或其具名代理人，或者

* 船长或其具名代理人。

承运人、船长或代理人的任何签字必须标明其承运人、船长或代理人的身份。

代理签字必须标明其系代表承运人还是船长签字。

ii. 通过以下方式表明货物已在信用证规定的装货港装上具名船只：

* 预先印就的文字，或者

* 已装船批注表明货物的装运日期。

不可转让海运单的出具日期将被视为发运日期，除非其上带有已装船批注注明发运日期，证明已装船批注注明的日期将被视为发运日期。

如果不可转让海运单载有“预期船只”或类似的关于船名的限定语，则需要以已装船批注表明发运日期和实际船名。

iii. 表明货物从信用证规定的装货港发运至卸货港。

如果不可转让海运单未以信用证规定的装货港为装货港，或者如果其载有“预期的”或类似的关于装货港的限定语，则需要以已装船批注表明信用证规定的装货港、发运日期和船只。即使不可转让海运单以预先印就的文字表明货物已由具名船只装载或装运，本规定也适用。

iv. 为唯一的正本不可转让海运单，或如果以多份正本出具，为海运单上注明的全套正本。

v. 载有承运条款的条件，或提示承运条款和条件参见别处（简式/背面空白的海运单）。银行将不审核承运条款和条件的内容。

vi. 未注明受租船合同约束。

b. 就本条而言，转运系指在信用证规定的装货港到卸货之间的运输过程中，将货物从一船卸下并装上另一船的行为。

c. i. 不可转让海运单可以注明货物将要或可能被转运，只要全程运输由同一海运单涵盖。

ii. 即使信用证禁止转运，注明转运将要或可能发生的不可转让的海运单仍可接受，只要其表明货物装于集装箱，拖船或子船中运输。

d. 不可转让的海运单中声明承运人保留转运权利条款将被不予理会。

**第二十二条　租船合同提单**

a. 表明其受租船合同约束的提单（租船合同提单），无论名称如何，必须看似：

i. 由以下人员签署：

* 船长或其具名代理人，或

* 船东或其具名代理人，或

* 租船人或其具名代理人。

船长、船东、租船人或代理人的任何签字必须标明其船长、船东、租船人或代理人的身份。

代理人签字必须表明其系代表船长、船东还是租船人签字。

代理人代表船东或租船人签字时必须注明船东或租船人的名称。

ii. 通过以下方式表明货物已在信用证规定的装货港装上具名船只：

* 预先印就的文字，或者

* 已装船批注注明货物的装运日期。

租船合同提单的出具日期将被视为发运日期，除非租船合同提单载有已装船批注注明发运日期，此时已装船批注上注明的日期将被视为发运日期。

iii. 表明货物从信用证规定的装货港发运至卸货港。卸货港也可显示为信用证规定的港口范围或地理区域。

iv. 为唯一的正本租船合同提单，或如以多份正本出具，为租船合同提单注明的全套正本。

b. 银行将不审核租船合同，即使信用证要求提交租船合同。

**第二十三条　空运单据**

a. 空运单据，无论名称如何，必须看似：

i. 表明承运人名称，并由以下人员签署：

＊承运人，或

＊承运人的具名代理人。

承运人或其代理人的任何签字必须标明其承运人或代理人的身份。

代理人签字必须表明其系代表承运人签字。

ii. 表明货物已被收妥待运。

iii. 表明出具日期。该日期将被视为发运日期，除非空运单据载有专门批注注明实际发运日期，此时批注中的日期将被视为发运日期。

空运单据中其他与航班号和航班归期相关的信息将不被用来确定发运日期。

iv. 表明信用证规定的起飞机场和目的地机场。

v. 为开给发货人或托运人的正本，即使信用证规定提交全套正本。

vi. 载有承运条款和条件，或提示条款和条件参见别处。银行将不审核承运条款和条件的内容。

b. 就本条而言，转运是指在信用证规定的起飞机场到目的地机场的运输过程中，将货物从一飞机卸下再装上另一飞机的行为。

c. i. 空运单据可以注明货物将要或可能转运，只要全程运输由同一空运单据涵盖。

ii. 即使信用证禁止转运，注明将要或可能发生转运的空运单据仍可接受。

**第二十四条**　公路、铁路或内陆水运单据

a. 公路、铁路或内陆水运单据，无论名称如何，必须看似：

i. 表明承运人名称，并且

＊由承运人或其具名代理人签署，或者

＊由承运人或其具名代理人以签字、印戳或批注表明货物收讫。

承运人或其具名代理人的收货签字、印戳或批注必须标明其承运人或代理人的身份。

代理人的收货签字、印戳或批注必须标明代理人系代理承运人签字或行事。

如果铁路运输单据没有指明承运人，可以接受铁路运输公司的任何签字或印戳作为承运人签署单据的证据。

ii. 表明货物的信用规定地点的发运日期，或者收讫待运或待发送的日期。运输单据的出具日期将被视为发运日期，除非运输单据上盖有带日期的收货印戳，或注明了收货日期或发运日期。

iii. 表明信用证规定的发运地及目的地。

b. i. 公路运输单据必须看似为开给发货人或托运人的正本，或没有任何标记表明单据开给何人。

ii. 注明“第二联”的铁路运输单据将被作为正本接受。

iii. 无论是否注明正本字样，铁路或内陆水运单据都被作为正本接受。

c. 如运输单据上未注明出具的正本数量，提交的份数即视为全套正本。

d. 就本条而言，转运是指在信用证规定的发运、发送或运送的地点到目的地之间的运输过程中，在同一运输方式中从一运输工具卸下再装上另一运输工具的行为。

e. i. 只要全程运输由同一运输单据涵盖，公路、铁路或内陆水运单据可以注明货物将要或可能被转运。

ii. 即使信用证禁止转运，注明将要或可能发生转运的公路、铁路或内陆水运单据仍可接受。

**第二十五条**　快递收据、邮政收据或投邮证明

a. 证明货物收讫待运的快递收据，无论名称如何，必须看似：

i. 表明快递机构的名称，并在信用证规定的货物发运地点由该具名快递机构盖章或签字；并且

ii. 表明取件或收件的日期或类似词语，该日期将被视为发运日期。

b. 如果要求显示快递费用付讫或预付，快递机构出具的表明快递费由收货人以外的一方支付的运输单据可以满足该项要求。

c. 证明货物收讫待运的邮政收据或投邮证明，无论名称如何，必须看似在信用证规定的货物发运地点盖章或签署并注明日期。该日期将被视为发运日期。

**第二十六条**　“货装舱面”、“托运人装载和计数”、“内容据托运人报称”及运费之外的费用

a. 运输单据不得表明货物装于或者将装于舱面。声明货物可能装于舱面的运输单据条款可以接受。

b. 载有诸如“托运人装载和计数”或“内容据托运人报称”条款的运输单据可以接受。

c. 运输单据上可以以印戳或其他方法提及运费之外的费用。

**第二十七条** 清洁运输单据

银行只接受清洁运输单据，清洁运输单据指未载有明确宣称货物或包装有缺陷的条款或批注的运输单据。“清洁”一词并不需要在运输单据上出现，即使信用证要求运输单据为“清洁已装船”的。

**第二十八条** 保险单据及保险范围

a. 保险单据，例如保险单或预约保险项下的保险证明书或者声明书，必须看似由保险公司或承保人或其代理人或代表出具并签署。

b. 如果保险单据表明其以多份正本出具，所有正本均须提交。

c. 暂保单将不被接受。

d. 可以接受保险单代预约保险项下的保险证明书或声明书。

e. 保险单据日期不得晚于发运日期，除非保险单据表明保险责任不迟于发运日生效。

f. i 保险单据必须表明投保金额并以与信用证相同的货币表示。

ii. 信用证对于投保金额为货物价值、发票金额或类似金额的某一比例的要求，将被视为对最低保额的要求。

如果信用证对投保金额未做规定，投保金额须至少为货物的 CIF 或 CIP 价格的 110% 。

如果从单据中不能确定 CIF 或者 CIP 价格，投保金额必须基于要求承付或议付的金额，或者基于发票上显示的货物总值来计算，两者之中取金额较高者。

iii. 保险单据须表明承保的风险区间至少涵盖从信用证规定的货物接管地或发运地开始到卸货地或最终目的地为止。

g. 信用证应规定所需投保的险别及附加险（如有的话）。如果信用证使用诸如“通常风险”或“惯常风险”等含义不确切的用语，则无论是否有漏保之风险，保险单据将被照样接受。

h. 当信用证规定投保“一切险”时，如保险单据载有任何“一切险”批注或条款，无论是否有“一切险”标题，均将被接受，即使其声明任何风险除外。

i. 保险单据可以援引任何除外条款。

j. 保险单据可以注明受免赔率或免赔额（减除额）约束。

**第二十九条** 截止日或最迟交单日的顺延

a. 如果信用证的截止日或最迟交单日适逢接受交单的银行非因第三十六条所述原因而歇业，则截止日或最迟交单日，视何者适用，将顺延至其重新开业的第一个银行工作日。

b. 如果在顺延后的第一个银行工作日交单，指定银行必须在其致开证行或保兑行的面函中声明交单是在根据第二十九条a款顺延的期限内提交的。

c. 最迟发运日不因第二十九条a款规定的原因而顺延。

**第三十条** 信用证金额、数量与单价的伸缩度

a. “约”或“大约”用于信用证金额或信用证规定的数量或单价时，应解释为允许有关金额或数量或单价有不超过10%的增减幅度。

b. 在信用证未以包装单位件数或货物自身件数的方式规定货物数量时，货物数量允许有5%的增减幅度，只要总支取金额不超过信用证金额。

c. 如果信用证规定了货物数量，而该数量已全部发运，及如果信用证规定了单价，而该单价又未降低，或当第三十条款不适用时，则即使不允许部分装运，也允许支取的金额有5%的减幅。若信用证规定有特定的增减幅度或使用第三十条a款提到的用语限定数量，则该减幅不适用。

**第三十一条** 部分支款或部分发运

a. 允许部分支款或部分发运。

b. 表明使用同一运输工具并经由同次航程运输的数套运输单据在同一次提交时，只要显示相同目的地，将不视为部分发运，即使运输单据上表明的发运日期不同或装货港、接管地或发运地点不同。如果交单由数套运输单据构成，其中最晚的一个发运日将被视为发运日。

含有一套或数套运输单据的交单，如果表明在同一种运输方式下经由数件运输工具运输，即使运输工具在同一天出发运往同一目的地，仍将被视为部分发运。

c. 含有一份以上快递收据、邮政收据或投邮证明的交单，如果单据看似由同一快递或邮政机构在同一地点和日期加盖印戳或签字并且表明同一目的地，将不视为部分发运。

**第三十二条　分期支款或分期发运**

如信用证规定在指定的时间段内分期支款或分期发运，任何一期未按信用证规定期限支取或发运时，信用证对该期及以后各期均告失效。

**第三十三条　交单时间**

银行在其营业时间外无接受交单的义务。

**第三十四条　关于单据有效性的免责**

银行对任何单据的形式、充分性、准确性、内容其实性，虚假性或法律效力，或对单据中规定或添加的一般或特殊条件，概不负责；银行对任何单据所代表的货物、服务或其他履约行为的描述、数量、重量、品质、状况、包装、交付、价值或其存在与否，或对发货人、承运人、货运代理人、收货人、货物的保险人或其他任何人的诚信与否、作为或不作为、清偿能力、履约或资信状况，也概不负责。

**第三十五条　关于信息传递和翻译的免责**

当报文、信件或单据按照信用证的要求传输或发送时，或当信用证未作指示，银行自行选择传送服务时，银行对报文传输或信件或单据的递送过程中发生的延误、中途退失、残缺或其他错误产生的后果，概不负责。

如果指定银行确定交单相符并将单据发往开证行或保兑行，无论指定银行是否已经承付或议付，开证行或保兑行必须承付或议付，或偿付指定银行，即使单据在指定银行送往开证行或保兑行的途中，或保兑行送往开证行的途中丢失。

银行对技术术语的翻译或解释上的错误，不负责任，并可不加翻译地传送信用证条款。

**第三十六条　不可抗力**

银行对由于天灾、暴动、骚乱、叛乱、战争、恐怖主义行为或任何罢工、停工或其无法控制的任何其他原因导致的营业中断的后果，概不负责。

银行恢复营业时，对于在营业中断期间已逾期的信用证，不再进行承付或议付。

**第三十七条　关于被指示方行为的免责**

a. 为了执行申请人的指示，银行利用其他银行的服务，其费用和风险由申请人承担。

b. 即使银行自行选择了其他银行，如果发出的指示未被执行，开证行或通知行对此亦不负责。

c. 指示另一银行提供服务的银行有责任负担被指示方因执行指示而发生的任何佣金、手续费、成本或开支（“费用”）。

如果信用证规定费用由受益人负担，而该费用未能收取或从信用证款项中扣除，开证行依然承担支付此费用的责任。

信用证或其修改不应规定向受益人的通知以通知行或第二通知行收到其费用为条件。

d. 外国法律和惯例加诸于银行的一切义务和责任，申请人应受其约束，并就此对银行负补偿之责。

**第三十八条** 可转让信用证

a. 银行无办理信用证转让的义务，除非其明确同意。

b. 就本条而言：

可转让信用证系指特别注明“可转让（transferable）”字样的信用证。可转让信用证可应受益人（第一受益人）的要求转为全部或部分由另一受益人（第二受益人）兑用。

转让行系指办理信用证转让的指定银行，或当信用证规定可在任何银行兑用时，指开证行特别如此授权并实际办理转让的银行。开证行也可担任转让行。

已转让信用证指已由转让行转为可由第二受益人兑用的信用证。

c. 除非转让时有约定，有关转让的所有费用（诸如佣金、手续费，成本或开支）须由第一受益人支付。

d. 只要信用证允许部分支款或部分发运，信用证可以分部分地转让给数名第二受益人。

已转让信用证不得应第二受益人的要求转让给任何其后受益人。第一受益人不视为其后受益人。

e. 任何转让要求须说明是否允许及在何条件下允许将修改通知第二受益人。已转让信用证须明确说明该项条件。

f. 如果信用证转让给数名第二受益人，其中一名或多名第二受益人对信用证修改的拒绝并不影响其他第二受益人接受修改。对接受者而言该已转让信用证即被相应修改，而对拒绝改的第二受益人而言，该信用证未被修改。

g. 已转让信用证须准确转载原证条款，包括保兑（如果有的话），但下列项目除外：

—信用证金额，

—规定的任何单价，

—截止日，

—交单期限，或

—最迟发运日或发运期间。

以上任何一项或全部均可减少或缩短。

必须投保的保险比例可以增加，以达到原信用证或本惯例规定的保险金额。

可用第一受益人的名称替换原证中的开证申请人名称。

如果原证特别要求开证申请人名称应在除发票以外的任何单据出现时，已转让信用证必须反映该项要求。

h. 第一受益人有权以自己的发票和汇票（如有的话）替换第二受益人的发票和汇票（如有的话），其金额不得超过原信用证的金额。经过替换后，第一受益人可在原信用证项下支取自己发票与第二受益人发票间的差价（如有的话）。

i. 如果第一受益人应提交其自己的发票和汇票（如有的话），但未能在第一次要求的照办，或第一受益人提交的发票导致了第二受益人的交单中本不存在的不符点，而其未能在第一次要求时修正，转让行有权将从第二受益人处收到的单据照交开证行，并不再对第一受益人承担责任。

j. 在要求转让时，第一受益人可以要求在信用证转让后的兑用地点，在原信用证的截止日之前（包括截止日），对第二受益人承付或议付。本规定并不得损害第一受益人在第三十八条 h 款下的权利。

k. 第三受益人或代表第三受益人的交单必须交给转让行。

**第三十九条　款项让渡**

信用证未注明可转让，并不影响受益人根据所适用的法律规定，将该信用证项下其可能有权或可能将成为有权获得的款项让渡给他人的权利。本条只涉及款项的让渡，而不涉及在信用证项下进行履行行为的权利让渡。

# 附录四　SWIFT 项下开立跟单信用证 MT 格式

附 4-1　**MT700 Issue of a Documentary Credit**

| M/O | Tag<br>代号 | Field Name<br>栏位名称 | Content/Options<br>内容 |
|---|---|---|---|
| M | 27 | Sequence of Total<br>合计次序 | 1! n/1! n<br>1 个数字/1 个数字 |
| M | 40A | Form of Documentary Credit<br>跟单信用证类别 | 24x<br>24 个字 |
| M | 20 | Documentary Credit Number<br>信用证号码 | 16x<br>16 个字 |
| O | 23 | Reference to Pre-Advice<br>预通知的编号 | 16x<br>16 个字 |
| O | 31C | Date of Issue<br>开证日期 | 6! n<br>6 个数字 |
| M | 40E | Applicable Rules<br>适用规则 | 30x [/35x]<br>30 个数字 [135 个字] |
| M | 31D | Date and Place of Expiry<br>到期日及地点 | 6! n29x<br>6 个数字/29 个字 |
| O | 51a | Applicant Bank<br>申请人的银行 | A or D<br>A 或 D |
| M | 50 | Applicant<br>申请人 | 4 * 35x<br>4 行×35 个字 |
| M | 59 | Beneficiary<br>受益人 | [/34x] 4 * 35x<br>[134 个字]<br>4 行×35 个字 |
| M | 32B | Currency Code, Amount<br>币别代号、金额 | 3! a15d<br>3 个字母，15 个数字 |
| O | 39A | Percentage Credit Amount Tolerance<br>信用证金额加减百分比 | 2n/2n<br>2 个数字/2 个数字 |
| O | 39B | Maximum Credit Amount<br>最高信用证金额 | 13x<br>13 个字 |
| O | 39C | Additional Amounts Covered<br>可附加金额 | 4 * 35x<br>4 行×35 个字 |
| M | 41A | Available With…By…<br>向…银行押汇，押汇方式为… | A or D<br>A 或 D |
| O | 42C | Drafts at…<br>汇票期限 | 3 * 35x<br>3 行×35 个字 |

续表

| M/O | Tag<br>代号 | Field Name<br>栏位名称 | Content/Options<br>内容 |
|---|---|---|---|
| O | 42A | Drawee<br>付款人 | A or D<br>A 或 D |
| O | 42M | Mixed Payment Details<br>混合付款指示 | 4 * 35x<br>4 行×35 个字 |
| O | 42P | Deferred Payment Details<br>延迟付款指示 | 4 * 35x<br>4 行×35 个字 |
| O | 43P | Partial Shipments<br>分批装运 | 1 * 35x<br>1 行×35 个字 |
| O | 43T | Transshipment<br>转运 | 1 * 35x<br>1 行×35 个字 |
| O | 44A | Loading on Board/Dispatch/Taking in Change at/from…<br>由…装船/发运/接管地点 | 1 * 65x<br>1 行×65 个字 |
| O | 44B | For Transportation to…<br>装运至… | 1 * 65x<br>1 行×65 个字 |
| O | 44C | Latest Date of Shipment<br>最后装运日 | 6! n<br>6 个数字 |
| O | 44D | Shipment Period<br>装运期间 | 6 * 65x<br>6 行×65 个字 |
| O | 45A | Description of Goods and/or Services<br>货物描述及/或交易条件 | 100 * 65x<br>100 行×65 个字 |
| O | 46A | Documents Required<br>应具备单据 | 100 * 65x<br>100 行×65 个字 |
| O | 47A | Additional Conditions<br>附加条件 | 100 * 65x<br>50 行×65 个字 |
| O | 71B | Charges<br>费用 | 6 * 35x<br>6 行×35 个字 |
| O | 48 | Period for Presentation<br>提示期间 | 4 * 35x<br>4 行×35 个字 |
| M | 49 | Confirmation Instructions<br>保兑指示 | 7! x<br>7 个字 |
| O | 53A | Reimbursement Bank<br>清算银行 | A or D<br>A 或 D |
| O | 78 | Instructions to the Paying/Accepting/Negotiation Bank<br>对付款/承兑/议付银行之指示 | 12 * 65x<br>12 行×65 个字 |

续表

| M/O | Tag<br>代号 | Field Name<br>栏位名称 | Content/Options<br>内容 |
|---|---|---|---|
| O | 57A | "Advise Through" Bank<br>收讯银行以外的通知银行 | A, B or D<br>A, B 或 D |
| O | 72 | Sender to Receiver Information<br>银行间的通知 | 6 * 35x<br>6 行×35 个字 |

**附 4-2 MT701 Issue of a Documentary Credit**

| M/O | Tag<br>代号 | Field Name<br>栏位名称 | Content/Options<br>内容 |
|---|---|---|---|
| M | 27 | Sequence of Total<br>合计次序 | 1! n/1! n<br>1 个数字/1 个数字 |
| M | 20 | Documentary Credit Number<br>信用证编号 | 16x<br>16 个字 |
| O | 45B | Description Goods and/or Services<br>货物及/或劳务描述 | 100 * 65x<br>100 行×65 个字 |
| O | 46B | Documents Required<br>应具备单据 | 100 * 65x<br>100 行×65 个字 |
| O | 47B | Additional Conditions<br>附加条件 | 100 * 65x<br>100 行×65 个字 |

**附 4-3 MT707 Amendment to a Documentary Credit**

| M/O | Tag<br>代号 | Field Name<br>栏位名称 | Content/Options<br>内容 |
|---|---|---|---|
| M | 20 | Senders Reference<br>送讯银行的编号 | 16x<br>16 个字 |
| M | 21 | Receivers Reference<br>受讯银行的编号 | 16x<br>16 个字 |
| O | 23 | Issuing Banks Reference<br>开证银行的编号 | 16x<br>16 个字 |
| O | 52a | Issuing Bank<br>开证银行 | A or D<br>A 或 D |
| O | 31C | Date of Issue<br>开证日期 | 6! n<br>6 个数字 |
| O | 30 | Date of Amendment<br>修改日期 | 6! n<br>6 个数字 |

续表

| M/O | Tag<br>代号 | Field Name<br>栏位名称 | Content/Options<br>内容 |
|---|---|---|---|
| O | 26E | Number of Amendment<br>修改序号 | 2! n<br>2 个数字 |
| M | 59 | Beneficiary (before this amendment)<br>受益人（修改以前的） | [/34x] 4 * 35x<br>[134 个字]<br>4 行×35 个字 |
| O | 31E | New Date of Expiry<br>新的到期日 | 6! n<br>6 个数字 |
| O | 32B | Increase of Documentary Credit Amount<br>信用证金额的增加 | 3! a15d<br>3 个字母，15 个数字 |
| O | 33B | Decrease of Documentary Credit Amount<br>信用证金额的减少 | 3! a15d<br>3 个字母，15 个数字 |
| O | 34B | New Documentary Credit Amount After Amendment<br>修改后新的信用证金额 | 3! a15d<br>3 个字母，15 个数字 |
| O | 39A | Percentage Credit Amount Tolerance<br>信用证浮动范围 | 2n/2n<br>2 个数字/2 个数字 |
| O | 39B | Maximum Credit Amount<br>最高信用证金额 | 13x<br>13 个字 |
| O | 39C | Additional Amounts Covered<br>附加金额 | 4 * 35x<br>4 行×35 个字 |
| O | 44A | Loading on Board/Dispatch/Taking in Charge at /from<br>装船、发运和接受监管的地点 | 1 * 65x<br>1 行×65 个字 |
| O | 44B | For Transportation to<br>货物发运的最终目的港（地） | 1 * 65x<br>1 行×65 个字 |
| O | 44C | Latest Date of Shipment<br>最迟装船日 | 6! n<br>6 个数字 |
| O | 44D | Shipment Period<br>装期 | 6 * 65x<br>6 行×65 个字 |
| O | 79 | Narrative<br>说明 | 35 * 50x<br>35 行×50 个字 |
| O | 72 | Sender to Receiver Information<br>银行间备注 | 6 * 35x<br>6 行×65 个字 |

注：①M/O 为 Mandatory 与 Optional 的缩写，前者是指必要项目，后者为任意项目。

②合计次序是指本证的页次，共两个数字，如“1/2”，其中“2”指本证共 2 页，“1”指本页为第 1 页。

# 参考文献


[1] 吴百福,徐小薇,聂清.进出口贸易实务教程[M].上海:格致出版社, 2015.

[2] 陈翊.进出口贸易模拟实训教程[M].上海:立信会计出版社, 2012.

[3] 韩晶玉.国际贸易实务实训教程[M].大连:东北财经大学出版社, 2009.

[4] 李二敏.进出口贸易综合实训教程[M].北京:对外经济贸易大学出版社,2011.

[5] 刘珉,陈虹.国际贸易实务实训教程[M].北京:对外经济贸易大学出版社,2009.

[6] 孙海梅.国际贸易实务实训[M].北京:高等教育出版社,2010.

[7] 王斌义,顾永才.国际贸易实务实训[M].北京:首都经济贸易大学出版社,2007.

[8] 王健.国际贸易实务实训模拟教程[M].北京:对外经济贸易大学出版社,2012.

[9] 王捷.进出口贸易实务学习指导与综合实训[M].上海:格致出版社, 2012.

[10] 徐丽,王维娜.国际贸易实务实训教程[M].哈尔滨:哈尔滨工业大学出版社,2012.

[11] 杨凤祥,王茜.国际贸易实务实训教程[M].北京:清华大学出版社, 2011.

[12] Desunsoft Co., Ltd.最新 SimTrade 外贸实习平台详细实习操作指导书[M].2012.